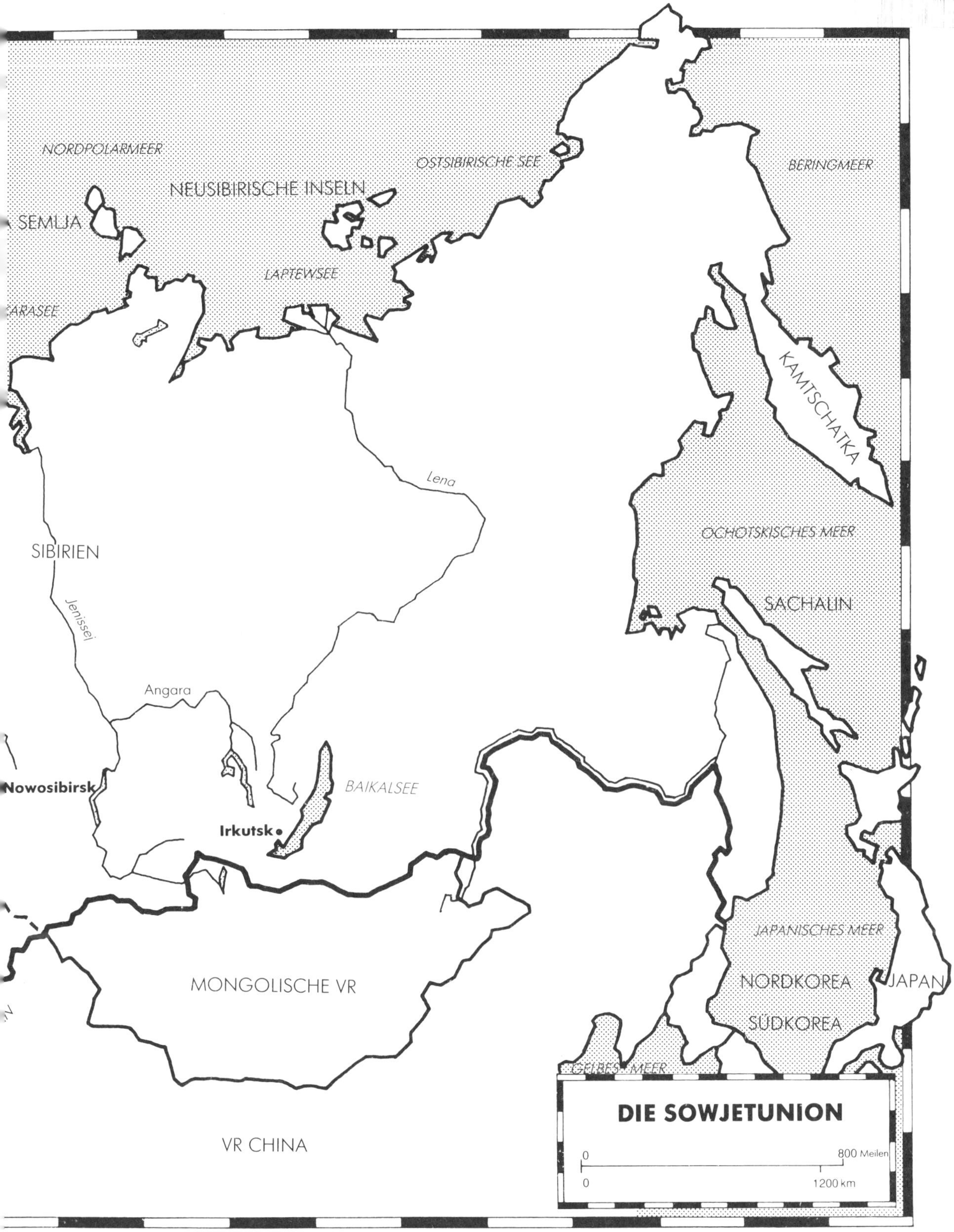
NORDPOLARMEER
OSTSIBIRISCHE SEE
BERINGMEER
NEUSIBIRISCHE INSELN
SEMLJA
LAPTEWSEE
ARASEE
KAMTSCHATKA
Lena
SIBIRIEN
OCHOTSKISCHES MEER
Jenissei
SACHALIN
Angara
BAIKALSEE
Nowosibirsk
Irkutsk
JAPANISCHES MEER
NORDKOREA
JAPAN
MONGOLISCHE VR
SÜDKOREA
GELBES MEER
DIE SOWJETUNION
0
800 Meilen
0
1200 km
VR CHINA

USTINOVS
RUSSLAND

Zeichnungen von Peter Ustinov
Fotos von Peter Ustinov
und John McGreevy

USTINOVS RUSSLAND

Mit einem Vorwort von Lois Fisher-Ruge

ECON Verlag
Düsseldorf · Wien · New York

Titel der englischen Originalausgabe: Ustinov in Russia
Originalverlag: Michael O'Mara Books Limited
Übersetzt von Dr. Jobst-Christian Rojahn
Copyright © 1987 by Dunedin N.V.

Regisseur und Produzent der Fernsehserie USTINOVS RUSSLAND:
John McGreevy; in Zusammenarbeit mit CTV Television Network
und unter Beteiligung von Telefilm Canada.
Der Autor dankt Michael Foss, ohne dessen Hilfe dieses Buch
nicht erschienen wäre.

CIP-Titelaufnahme der Deutschen Bibliothek

Ustinov, Peter:
[Rußland]
Ustinovs Rußland / [Peter Ustinov]. Mit e. Vorw. von Lois Fisher-Ruge. Zeichn.
von Peter Ustinov. Fotos von Peter Ustinov u. John McGreevy.
[Übers. von Dr. Jobst-Christian Rojahn]. – Düsseldorf; Wien; New York. ECON Verlag
1988.
Einheitssacht.: Ustinov in Russia ⟨dt.⟩
ISBN 3-430-19275-7
NE: Hst.

Copyright © 1988 der deutschen Ausgabe by ECON Verlag GmbH,
Düsseldorf, Wien und New York
Alle Rechte der Verbreitung, auch durch Film, Funk und Fernsehen, fotomechanische
Wiedergabe, Tonträger jeder Art, auszugsweisen Nachdruck oder Einspeicherung und
Rückgewinnung in Datenverarbeitungsanlagen aller Art, sind vorbehalten.
Gesetzt aus der Sabon der Linotype AG
Satz: Computersatz Bonn GmbH, Bonn
Papier: Papierfabrik Schleipen GmbH, Bad Dürkheim
Druck- und Bindearbeiten: Mohndruck Gütersloh
Printed in Germany
ISBN 3-430-19275-7

Inhalt

	Vorwort	7
1	Keineswegs apologetisch	9
2	Annäherung an ein Verstehen	27
3	Eine Ahnung dessen, was einmal war	66
4	Dahintreibend in einem riesenhaften Lande	87
5	Eine Ahnung dessen, was sein sollte	132
	Ein historischer Überblick	157

Vorwort

Dieses Buch ist ebenso außergewöhnlich wie sein Autor, der auch sein Talent als Schauspieler, Regisseur, Zeichner und Fotograf auf einer Reise durch die Sowjetunion unter Beweis stellt. Peter Ustinovs Art zu schreiben ist fesselnd. Er verbindet persönliche Erfahrungen mit historischen Tatsachen, humorvolle Anekdoten mit scharfsinnigen Beobachtungen.

Seine Sympathie und seine Liebe für das Land seiner Vorfahren lassen ihn alles weniger kritisch und auch versöhnlicher sehen als den durchschnittlichen westlichen Beobachter. Ich möchte ein Beispiel für Ustinovs Umgang mit kontroversen Fragen anführen: »Wenn Rußland expansionistisch erscheint, dann nur aus dem einen Grunde, weil es besessen ist vom Gedanken an seine Verteidigung. Warum? Nun, Rußland wurde sehr viel häufiger angegriffen, als es selbst angegriffen hat. Zugegebenermaßen hat es aber gelegentlich seine unmittelbaren Nachbarn überfallen...«

Für manche eine provozierende Aussage, gewiß – doch der Autor erklärt, er wolle »den Leser anregen, einige der Dinge in Frage zu stellen, die man uns alle glauben machen will, und zu Schlußfolgerungen zu gelangen, die wenigstens seine eigenen sind«.

Ich erinnere mich an einen Lieblingsspruch meines Vaters, der lautete: »Wer redet, lernt nicht«, und ich stimme Herrn Ustinov zu, wenn er sagt: »Wir alle haben sehr viel mehr voneinander zu lernen, als einander beizubringen.« Mein Ziel als Schriftsteller ist es immer, eine Erfahrung mit meinen Lesern zu teilen. Ich möchte ihnen das Gefühl geben, daß sie das hören, was *ich* gehört habe, und das sehen, was *ich* gesehen habe. Peter Ustinov hat in diesem Sinne in seiner neuen Rolle als Führer durch das historische und das zeitgenössische Rußland eine großartige Arbeit geleistet.

Lois Fisher-Ruge

Schloß Peterhof nahe Leningrad wurde als Sommerresidenz für Peter den Großen gebaut. Von der Terrasse des Schlosses führen eindrucksvolle Kaskaden mit 64 Springbrunnen und 255 vergoldeten Bronzefiguren zu einem tiefergelegenen Teich. Die steinerne Statue Saturns, der gerade eines seiner Kinder auffrißt (unten links), steht in einem Leningrader Garten.

1

Keineswegs apologetisch

In gewisser Weise bin ich ein Russe. Obwohl ich in London geboren wurde und britischer Staatsbürger bin, wurde ich doch in Leningrad gezeugt – und es erzähle mir keiner, daß das ganz ohne jede Bedeutung sei. Ich bin zwar weder weiß noch rot, aber ob ich dies nun will oder nicht, so gehört immerhin ein Stück von mir diesem großen und rätselhaften Land. Was ich heute bin, läßt sich nicht loslösen von einer Vergangenheit, die meine Gene geformt hat. Ich bin ein Mann der Mitte und zufrieden mit meinem Los.

Ustinov ist ein russischer Name. Der Großvater meines Vaters ging als junger Mann nach Sibirien, widmete sich irgendwelchen Geschäften, die etwas mit Salzminen zu tun hatten, und kehrte als Besitzer riesiger Ländereien nach Leningrad zurück. Die Archivunterlagen vermelden, daß sich zur Zeit seines Todes sechzehn von ihm beauftragte Kirchen im Bau befanden und daß er über 6000 Leibeigene verfügte. Der Vater meiner Mutter wurde Hofbaumeister des Zaren und später erster Präsident der Sowjetischen Akademie der Schönen Künste. Als er 1928 starb, nahm man mit Mozarts Requiem und einem Staatsbegräbnis Abschied von ihm. Er liegt auf dem Moskauer Friedhof von Nowodewitschi in bester Gesellschaft begraben.

In Leningrad leben noch viele Angehörige der Familie meiner Mutter. Als ich zu Aufnahmen für meine Fernsehserie dort weilte, besuchten mich unversehens meine Vettern ersten Grades und brachten mir Erdbeeren mit Schlagsahne als Geschenk – eine große Portion saftigster Erdbeeren, begraben unter einem Berg köstlichster Sahne. Diese rührende Gabe freute mich ganz besonders, denn die Erdbeeren waren mit viel Liebe und nicht gerade geringer Mühe in dem Garten der alten Datscha meines Großvaters draußen an der Ostseeküste gepflückt worden.

Ehrfurcht, Liebe, inniges Gefühl – gehören sie nicht zu den edleren Eigenschaften der Menschheit? Ich habe erfahren, daß die Russen ihrem Lande und ihrer Vergangenheit ganz besonders innige Gefühle entgegenbringen.

Ein Freund von mir in Paris – Fotograf russischer Herkunft und Sohn eines Bassisten, der sich auf dem Gebiet des sakralen Gesanges einen Namen gemacht hat – faßte eines Tages den Entschluß, seine ihm unbekannte Heimat zu besuchen. Seine Mutter schlug besorgt die Hände über dem Kopf zusammen (wie das im übrigen auch die meine tat, als ich zum erstenmal hinfuhr), da sie aber ihren Sohn nicht von der

Ustinovs Rußland

Reise abhalten konnte, bat sie ihn, ihr ein wenig Erde aus der Stadt ihrer Väter, aus Twer, mitzubringen, damit sie sie über dem Grabe ihres Mannes in Paris ausstreuen könne. Der Sohn begab sich also auf die eisige Winterreise und entstieg in Twer dem Zuge. Um an ein wenig Erde zu kommen, mußte er erst einmal den Schnee wegkratzen. Als er dies unternahm, hörte er das Stampfen schwerer Schritte, die sich ihm näherten. Ein Wachposten mit Maschinenpistole ergriff ihn am Kragen und verlangte in drohendem Ton zu wissen, wieso sich mein Freund da an Staatseigentum zu schaffen mache. Kaum hatte er den Grund genannt, da drückte ihm der Wachsoldat seine Maschinenpistole in die Hand, fiel im Schnee auf die Knie nieder und ging den gefrorenen Boden mit großer Heftigkeit an. Dann wickelte er die gewonnene Erde sorgfältig in ein Stück Zeitungspapier und schnürte alles zu einem hübschen und festen Päckchen zusammen. Das tauschte er daraufhin schnell gegen seine MPi ein und setzte seinen Dienst an der sowjetischen Gegenwart fort, während mein Freund mit der in einer Nummer der *Iswestija* eingewickelten Erde des Heiligen Rußland nach Paris zurückkehrte.

Das Land und die Vergangenheit wirken bei den Russen als stabilisierende Elemente. Wie oft sieht sich der Emigrant, der sie verloren hat, in der Welt draußen eigentümlich benachteiligt. Er hat Schwierigkeiten, einen sicheren Kurs zu steuern.

In New York besuchte mich im Theater einmal ein hagerer, bläßlicher Mann in einem uralten Regenmantel — eine Figur, die so elend und so niedergeschlagen aussah, daß man hätte meinen können, sie käme geradewegs aus einem Konzentrationslager. Er lungerte am Bühneneingang herum, murmelte unverständlich vor sich hin und lief fort, als ich ihn hereinbat.

Als ich am nächsten Tag wieder zum Theater ging, trat er auf dem Times Square auf mich zu. Er zog es vor, mitten unter Leuten zu sprechen, und hatte schlicht Angst gehabt, mit mir allein zu sein. Er sei Clown, sagte er. Ein jüdischer Clown aus dem sowjetischen Georgien.

»Sehr komischer Clown«, sagte er. »Irgendwo hab' ich gute Kritiken.« Nein, die waren in der anderen Hose. Aber er war zu Hause auch im Fernsehen zu sehen gewesen.

»Nun«, sagte ich, »kann ich Ihnen irgendwie behilflich sein?«

»Das Geräusch des Lachens«, antwortete er. »Es braucht mich, das Geräusch des Lachens.«

»Aber was machen Sie denn im Augenblick?«

»Mir geht es sehr gut, brauche kein Geld. Ich schneide im St.-Regis-Hotel den Herren die Haare.«

»Dann sind Sie also auch noch Friseur?«

Von einer Statue Samsons, der einem wilden Löwen das Maul aufreißt, schießt ein Wasserstrahl fünfundzwanzig Meter in die Höhe. Ein langer Kanal, den reich verzierte Brücken überspannen, verbindet die Wasserfälle am Schloß mit einem kleinen Hafen an der Küste des Finnischen Meerbusens.

Der Rote Platz in Moskau. Die großartige Basilius-Kathedrale wurde einst für Iwan den Schrecklichen erbaut, von dem es heißt, er habe die Baumeister blenden lassen, auf daß kein vergleichbares Bauwerk geschaffen werden könne.

Keineswegs apologetisch

»Nein«, erwiderte er, »ich mach's, wie ich's aus den alten Chaplin-Filmen erinnere.«

»Mein Gott«, rief ich aus, »machen sich da Ihre Kunden nicht Sorgen?«

Er zuckte mit den Achseln. »Nein, das sind alles sehr nette Leute. Die lesen ihre Zeitungen und scheren sich nicht darum, was ich tue. Sie geben anständige Trinkgelder, und ich habe ein gutes Auskommen. Nur bin ich hier ein einsamer Mann.«

Er machte eine Pause. Sein trauriges Gesicht nahm einen tragischen Ausdruck an, als er seine Gedanken in Worte faßte.

»Und doch«, sagte er schließlich, »vermißt es mich, das Geräusch des Lachens. Es mag ja sein, daß es in Rußland ein bißchen Verfolgung gibt. Aber wissen Sie, Herr Ustinov, das ist noch immer besser als Vernachlässigung.«

Für den Menschen aus dem Westen gleicht jede Reise in die Sowjetunion einem Schritt ins Unbekannte. Es gibt so viele unerhörte Berichte, so viele widersprüchliche Geschichten. Das Gewicht jahrhundertealter Vorurteile lastet auf seinen Schultern, sein Kopf ist angefüllt mit den giftigen Nebelschwaden des Kalten Krieges – aller Kalten Kriege. Es ist einfach erstaunlich, wie Rußland in Friedenszeiten unweigerlich zum potentiellen Feind wird. Im Krieg wandelt es sich zu einem Verbündeten von vitaler Bedeutung, sobald aber der Friede wieder ausbricht, wird es beinahe sofort einmal mehr zum möglichen Gegner.

Als ich 1985 mit meinen kanadischen Partnern nach Moskau reiste, um die Details unseres Filmprojekts zu klären, begleiteten mich die wohlbekannten Zweifel und Ängste. Wir hatten auch eine Unterredung mit dem damaligen Kultusminister Demitschew, der uns nach unseren Plänen fragte. Ich erklärte ihm in groben Zügen, was uns vorschwebte, nämlich die Produktion einer freien und nüchternen Filmversion meines Buches über die russische Geschichte mit Bildmaterial aus verschiedensten Teilen der Sowjetunion, das wir selbst auswählen und nach unserem eigenen Gutdünken bearbeiten wollten. Der Minister erhob daraufhin gebieterisch die Hand und erklärte ohne Umschweife: »Es ist nutzlos, dieses Gespräch fortzusetzen.«

Wir sahen uns ängstlich an. Blickten wir schon hier und jetzt der Aussichtslosigkeit und damit einer Niederlage ins Antlitz? War dies das autoritäre, verschlossene Rußland, wie es der allgemeinen Erwartung entsprach? Da aber fuhr der Minister fort: »Wir schätzen Ihre Arbeit, und, was wichtiger ist, wir vertrauen Ihnen. Was mein Haus anbetrifft, so haben Sie für die gesamte Sowjetunion unbeschränkte Vollmachten.«

Das war lange vor Gorbatschows *glasnost* – und das Ministerium hielt sich an seine Zusagen. Wir machten uns auf den

Ustinovs Rußland

Weg und waren vollkommen frei, den Film ganz nach unseren eigenen Vorstellungen zu gestalten – nur gelegentlich waren wir jenen kleinlichen Nadelstichen der Bürokratie ausgesetzt, die ein nur allzu bekanntes Wesensmerkmal so vieler Länder und Regierungen sind. So hatten wir unsere kleinen Schwierigkeiten mit den Fluggesellschaften, der Fracht, den Flug- und Fahrplänen – aber wer ist nicht auch anderswo auf der Welt schon Opfer solcher Prüfungen geworden? Bei der einzigen Gelegenheit, bei der irgend so ein Büromännchen aus seiner Schachtel schnellte und uns das Filmen zu untersagen versuchte, verlangte ich, direkt mit Herrn Demitschew im Ministerium verbunden zu werden. Da wurde das Verbot unverzüglich rückgängig gemacht. Es fiel mir auf, daß die Menschen ebenso gastfreundlich wie übertrieben diensteifrig waren und daß klare, von hoher Stelle kommende Anweisungen strikt befolgt wurden.

Da waren wir also – eine kleine, festgefügte Produktionsgesellschaft aus dem Westen, die sich schnell und leicht durch das ganze Land bewegte. An Orten, wo man selten Fremde sieht, wurden wir ganz offensichtlich zum Gegenstand des lebhaftesten Interesses und der Neugier. Unser Team wurde von zwei Russen begleitet, bei denen es sich nicht um Spione und Wächter handelte, wie es der allgemeine Glaube so gern haben möchte, sondern um unschätzbar wertvolle Helfer bei organisatorischen Dingen, die uns sehr wirkungsvoll die Wege ebneten. Wir wurden so gut wie überall mit Anmut und Würde, manchmal vielleicht auch mit Überraschung willkommen geheißen, und natürlich gab es auch für uns den einen oder anderen heiklen Augenblick. In einer sehr berühmten Moskauer Galerie begegneten wir einem jener (in diesem Falle weiblichen) Administratoren, die ihrer Machtposition ein zu offenkundiges Vergnügen abgewinnen. Warum mußten wir die Bilder fotografieren, wenn es doch schon Reproduktionen der Gemälde gab? Warum mußten wir das Bildnis Mussorgskis aufnehmen, das den armen Kerl so unverhohlen als Opfer der Trunksucht und dem Tode nahe zeigte? Die Dame gehörte zu einem Menschenschlag, mit dem umzugehen beschwerlich und den versöhnlich zu stimmen fast unmöglich ist, aber mit Geduld, Beharrlichkeit und der Hilfe unserer russischen Begleiter vermochten wir sie dazu zu bewegen, uns die Erlaubnis zu erteilen, in zwei Sälen zu filmen.

Als wir fertig waren, ließ ich es mir angelegen sein, ihr überschwenglich für ihre große Freundlichkeit zu danken. Sie nahm diesen Dank gnädig entgegen, vielleicht weil sie sich der großen Freundlichkeit gar nicht bewußt war, von der ich sprach. Zumindest bin ich mir sicher, daß sie begriffen hatte, wie ernsthaft und positiv unsere Absichten waren, und daß sie nicht den übli-

Keineswegs apologetisch

chen Versuchen entsprachen, in einem Propagandakrieg auf die billige Tour Punkte zu schinden. Ob sich die Änderung ihrer Haltung auch auf ihren nächsten Klienten auswirkte, vermag ich allerdings nicht mit Bestimmtheit zu sagen.

Ich wurde an diese Episode erinnert, als uns die amerikanische Gesellschaft CBS für ihr ausgezeichnetes Programm *Sixty Minutes* beim Filmen filmen wollte. Die Russen verweigerten in ihrem habituellen Mißtrauen gegenüber westlichen Journalisten dem CBS-Team zunächst die Einreise in die Sowjetunion. Wir konnten sie dann aber dadurch zu einem Sinneswandel bewegen, daß wir sie darauf aufmerksam machten, wie gut für sie im Westen jede Form von Publizität sei und daß selbst warnende Hinweise auf das Gesundheitsrisiko die wirklich hartnäckigen Raucher an Zigaretten denken lassen würden. Der erfahrene Journalist und Reporter Morley Safer wurde für das Interview mit mir auserkoren.

Seine erste Frage in diesem liebenswürdigen Verhör bestimmte den Ton des gesamten dann folgenden Gesprächs.

»Peter, können Sie eigentlich *überhaupt* hier arbeiten, Sie, der Sie doch die Freiheit in den Vereinigten Staaten kennen?«

Ich erwiderte ihm, daß ich es schwer fände, die Frage – in dieser Form gestellt – zu beantworten, sei doch in den Vereinigten Staaten einem meiner Stücke, das in mehreren Orten gespielt werden sollte, jede erdenkliche Förderung, ja sogar Freiheit zu-

Ustinovs Rußland

teil geworden – bis zu dem Tage, da es in der Provinz zur Aufführung kam. Da hatten sich dann die Geister ganz demokratisch an der Frage geschieden, was an meinem Stück nicht stimmte. Die Förderer und Produzenten hatten mir die Höhe ihrer Investitionen sehr eindrücklich nahegebracht, so daß ich, auf diese Weise unter Druck gesetzt, gegen mein besseres Wissen einige Änderungen vorgenommen hatte. Wunderbarerweise ist das Stück dann in New York ganze sechs Wochen lang gelaufen.

Inzwischen aber hatten die Russen ohne mein Wissen das Skript in die Hände bekommen, und für sie sind – ist ein Manuskript erst einmal akzeptiert – die Intentionen des Autors sakrosankt. Ironischerweise war ich einen Tag vor dem Interview mit Mr. Safer bei einer Matinee ebendieses Stückes gewesen und hatte mit den Schauspielern gefeiert, daß sie es nun bereits seit zehn Jahren in ihrem Repertoire hatten. Zehn Jahre im Repertoire entsprechen einer Laufzeit von mehr als einem Jahr in einer großen Stadt. »Es ist für einen Autor ein wunderbares Erlebnis, wenn er sein Werk so zu sehen bekommt, wie er es geschrieben hat«, erklärte ich Mr. Safer. »Und für mich ist gerade das ein Teil der Freiheit.«

Unnötig zu sagen, daß Teile des Interviews nicht gesendet wurden.

In Sagorsk, dem Canterbury der russisch-orthodoxen Kirche, lud uns der Direktor des Priesterseminars zum Mittagessen ein. Im Verlauf des geselligen und fröhlichen Mahles füllte er unsere Gläser mit Wodka. Dann erhob er sich und brachte einen Toast auf die sowjetisch-amerikanische Freundschaft aus. Nach dieser netten Geste, die dem Protokoll von Verhandlungen zwischen den Supermächten gerecht wurde, setzten wir den unvermeidlichen Small talk fort, bis der Metropolit erneut unsere Gläser füllte und sich erhob, um auf die »Fortdauer der sowjetisch-amerikanischen Freundschaft« zu trinken.

Ich wandte mich ein wenig besorgt zu unserem Produzenten John McGreevy und fragte ihn: »Weiß er eigentlich, daß wir gar keine Amerikaner sind?«

»Ich würde das jetzt nicht aufs Tapet bringen«, meinte der.

»Was passiert aber, wenn er dahinterkommt? Würde er sich nicht veräppelt vorkommen?«

Ich beschloß, ihm an diesem Orte der Wahrheit die Wahrheit zu sagen.

»Wissen Sie, Hochwürden ...«

Er wandte sich mir zu und lächelte einnehmend.

»... wir sind gar keine Amerikaner.«

Das Lächeln erlosch auf der Stelle. Er fixierte mich mit seinen blauen Augen, die zum Tränen neigten.

»Was sind Sie dann?« verlangte er zu wissen.

»Dies ist ein kanadisches Team.«

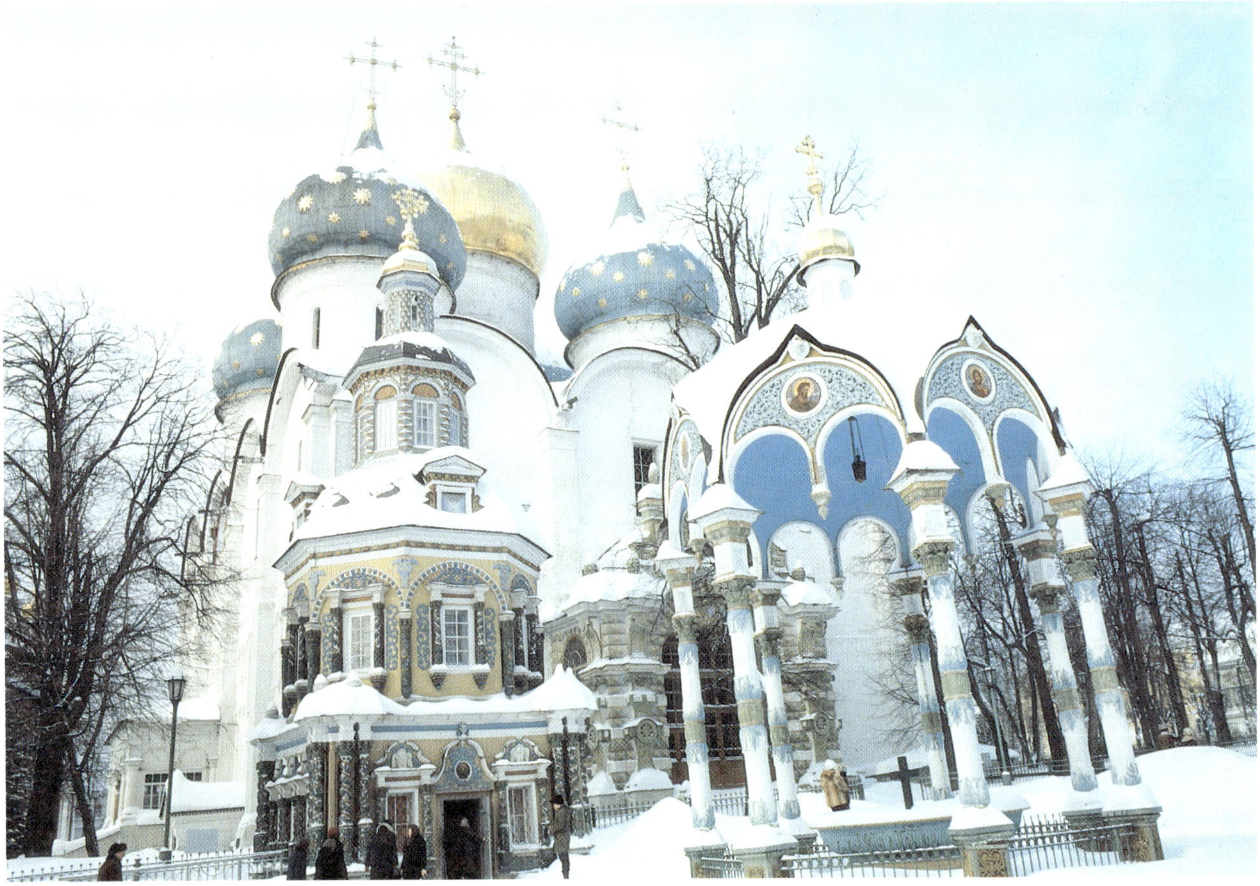

Das Dreifaltigkeits-Sergius-Kloster in Sagorsk ist das größte des Landes. Die Heiliggeistkirche von 1476 (oben links) und die Mariä-Himmelfahrts-Kathedrale von 1559–1585 (oben rechts und unten) mit ihren fünf gewaltigen Kuppeln. Die Pilger strömen herbei, um in der kleinen, ausgemalten Kapelle vor der Kathedrale heiliges Wasser zu trinken.

Die Mariä-Himmelfahrts-Kathedrale und die Heiliggeistkirche in Sagorsk (oben). In der Dreifaltigkeits-Kathedrale (unten) liegt der heilige Sergius begraben, der das Kloster gründete.

Keineswegs apologetisch

»Kanadisch...«, murmelte er, als versuche er, das in seiner Vorstellung zu orten. Er füllte – ein wenig fahrig – erneut die Gläser, erhob sich und brachte einen Toast auf die sowjetisch-kanadische Freundschaft aus. Dann setzte er sich wieder und lächelte mich an, die Wangen leicht gerötet.

»Aus welchem Teil Kanadas kommen Sie denn?« fragte er.

»Ich? Oh, ich bin kein Kanadier.«

»*Kein* Kanadier?« rief er aus, als widerspräche dies jeder Glaubwürdigkeit. »Was sind Sie denn dann?«

»Brite.«

Ustinovs Rußland

»Brite«, wiederholte er voller Entsetzen. Dann füllte er wiederum die Gläser, wobei ein wenig aufs Tischtuch schwappte.

Er erhob sich und trank auf die anglosowjetische Freundschaft.

Kichernd setzte er sich und kam, unterbrochen von kleinen Lachanfällen, zu dem Schluß, daß wenigstens alle anderen Kanadier seien.

»Nein«, sagte ich, der Wahrheit die Ehre gebend, »unser Kameramann ist Isländer.«

»Der ist was?« zischte der Metropolit.

»Isländer.«

Er versuchte, sich auf seine Aufgabe zu konzentrieren. Er füllte die Gläser. Diesmal ergoß sich mehr Wodka auf das Tischtuch.

Er erhob sich, ein wenig atemlos und hochrot im Gesicht.

»Ich trinke«, murmelte er vor sich hin, »auf die sowjetisch-...«

Er neigte das Haupt in meine Richtung.

»Isländische«, soufflierte ich.

Er schloß die Augen.

»Was?« stieß er hervor.

»Isländische.«

»Isländische Freundschaft.«

Er sank mehr zurück, denn daß er sich setzte. Ich hatte nicht mehr das Herz, ihm die irische Herkunft John McGreevys zu gestehen.

Als wir uns – von Kanada aus – auf unser russisches Abenteuer vorbereiteten, sausten die Telexe nur so zwischen uns und Moskau hin und her. Wir diktierten unsere Anfragen den hübschen Sekretärinnen der Neuen Welt, jenen gelassenen, heiteren Wesen mit perlweißen Zähnen, Sommersprossen und einer beunruhigenden Unwissenheit, was andere Zeiten, andere Länder und andere Völker anbetraf. »Schicken Sie bitte ergänzende Informationen über Lenin«, diktierten wir. Daraus wurde unweigerlich: »Schicken Sie bitte ergänzende Informationen über Lennon.« Und am nächsten Tag kam dann die Antwort: »Verstehen nicht, warum Sie uns Fragen zu Lennon stellen. Schlagen vor, daß Sie mal Yoko Ono anrufen.«

Die Russen nehmen außerordentlich großen Anteil am Westen, an seinen Launen und Moden, seinen Neuheiten und seinem Unsinn. Selbst in höchst bescheidenen Restaurants dröhnt die Popmusik mit ohrenbetäubender Lautstärke, ja, sie lärmt so sehr, daß die Stimme des Obers, die einem erklärt, die meisten Gerichte auf der Speisekarte seien ausgegangen, völlig darin untergeht. Die Bestellung des Essens hat mimisch zu erfolgen, was um so schwieriger ist, als die stroboskopische Beleuchtung den Eindruck erzeugt, das Ganze spiele sich in einem Stummfilm ab. – Das Meer ist voll von Surfbrettern und Tretbooten, und viele öffentliche Bedürfnisanstalten sind mit sehr geräuschvollen Heißluftgeräten zum Hän-

Die Mariä-Verkündigungs-Kathedrale im Moskauer Kreml, 1484–1489 erbaut. Die sehr reichhaltig verzierte Fassade geht vor allem auf Iwan den Schrecklichen zurück, der auch vier Kapellen und zwei zusätzliche vergoldete Kuppeltürme dazubauen ließ. Nach seiner Exkommunikation ließ er eine kleine Kammer mit separatem Eingang anbauen, wo er dem Gottesdienst in der Kathedrale beiwohnen konnte, ohne diese betreten zu müssen.

Der Winterpalast in Leningrad, der in einigen seiner etwa 1500 Räume die Kunstsammlung der Eremitage beherbergt, wurde zwischen 1754 und 1764 erbaut. Im Jahr 1837 brannte das Innere des Palastes völlig aus und wurde zumeist im zeitgenössischen Stil restauriert. Die prachtvolle Jordan-Treppe (linke Seite) führt vom Erdgeschoß zu den Gemächern des Zaren empor. Sie ist aus Carrara-Marmor gefertigt und wird im Obergeschoß von blankpolierten Granitsäulen gekrönt. Ihren Namen verdankt sie einer Zeremonie, die alljährlich stattfand: Der Zar stieg die Treppe hinab, um im Gedenken an die Taufe Jesu Christi die Wasser der Newa zu segnen. – Der Georgssaal (oben) wurde nach dem Brand an Stelle von sechs der ursprünglichen Räume gebaut. Er gehört mit seinen weißen, gerieften Säulen, blaßrosa Marmorwänden und Kristallüstern zu den großartigsten Räumen des Palastes. – Links die an Raffael gemahnende Loggia in der Eremitage.

Ein Blick auf den Roten Platz – auf der linken Seite der Kreml, hinten die Basilius-Kathedrale (oben links). – Ein Blick die Moskwa hinunter, rechts die Mauern des Kreml (oben rechts). – Angler am Ufer der Moskwa. – Die Kathedralen im Kreml mit dem von Iwan dem Schrecklichen erbauten Glockenturm (unten rechts).

Keineswegs apologetisch

detrocknen ausgestattet. In Sibirien, einem Land, das man mit endlosem Schneefall und unerträglicher Kälte assoziiert, sind viele große Gebäude oft mit Klimaanlagen übersät, als stünden sie in New York. Denn die Hitze ist hier im Sommer häufig ebenso andauernd wie der Schnee im Winter.

Der Überraschungen gibt es kein Ende, sie sind so zahllos wie die Mißverständnisse, die Legenden und die Verzerrungen der Wahrheit.

Es liegt ganz offensichtlich im Interesse der Medien, die Differenzen zwischen Völkern hochzuspielen. Ohne sie gäbe es ja keinen Konflikt, kein Drama, keine Rechtfertigung für den Kauf von Zeitungen. Wenn wir aber erst einmal akzeptiert haben, daß es diese Unterschiede gibt – sind wir dann nicht, wenn wir uns selbst gegenüber ehrlich sind, auch beeindruckt von den großen Ähnlichkeiten zwischen den Völkern? Gibt es denn nicht auch eine die Menschheit verbindende Einheit? Wenn in der Wohnung nebenan ein Baby weint, dann verrät uns das Geräusch seiner Stimme, seines einzigen Ausdrucksmittels, auch nicht, welche Farbe es hat oder welcher Rasse es angehört. Das Rohmaterial ist immer gleich – bis dann die tradierten Vorurteile die unberührte Sensibilität zersetzen und ein bestimmtes Geschichtsbild die uralten Feindseligkeiten erkennbar werden läßt.

Der Erziehung verdanken wir die notwendige Aufklärung, sie ist gleichzeitig aber auch für den Bodensatz an alten Sprüchen und nie hinterfragten Dummheiten verantwortlich, wie sie seit den Anfängen der Kultur entwickelt und kultiviert worden sind.

Dieses Buch ist weder eine Apologie noch das Werk eines *Advocatus diaboli*. Es ist nicht meine Aufgabe, das Geschwätz der Politiker zu widerlegen oder auf ihre Unerfahrenheit in Bereichen hinzuweisen, die jenseits ihres Horizontes liegen. Ich erhoffe mir lediglich, daß dieser Bericht über ein ganz spezielles Unternehmen, das uns etwa 20 000 Kilometer durch die Sowjetunion führte, dazu dienen möge, den Leser anzuregen, einige der Dinge in Frage zu stellen, die man uns alle glauben machen will, und zu Schlußfolgerungen zu gelangen, die wenigstens seine eigenen sind.

Das Nowodewitschi-Kloster bei Moskau wurde 1524 zur Feier des Sieges von Wasili III. und seiner Rückeroberung der alten Stadt Smolensk erbaut. Die Kathedrale der Gottesmutter von Smolensk (oben) ist die Hauptkirche. – Das Bild unten links zeigt die Mariä-Himmelfahrts-Kirche mit dem Refektorium, das Bild unten rechts die Christi-Verklärungs-Torkirche.

2
Annäherung an ein Verstehen

Drei russische Sprichwörter:

»Liebe deinen Nachbarn, aber bau dir eine Mauer.«

»Der Weg zur Kirche ist eisig; das ist auch der Weg zur Kneipe, aber ich werde vorsichtig gehen.«

»Wenn du in einen Kampf verwickelt bist, ist das nicht der Augenblick, dir das Haar zu scheiteln.«

In diesen Weisheiten steckt die ganze Widersprüchlichkeit des russischen Wesens — eine angeborene religiöse Leidenschaft, gemildert durch die Skepsis gegenüber menschlichen Motiven; Achtung vor dem Protokoll und ein schlaues Umgehen desselben; eine geradlinige Logik, nach der es für die meisten Dinge einen Ort und eine Zeit gibt, für die guten wie für die schlechten.

Es ist offensichtlich, daß sowohl die Geographie als auch das Klima eine bedeutende Rolle bei der Herausbildung des Nationalcharakters spielen. Raum und Entfernung wirken sich verheerend auf die Zeitbegriffe und folglich auch auf die Pünktlichkeit aus. Extreme Hitze und extreme Kälte beeinflussen die Menschen ebenfalls nachhaltig und führen zu Lebhaftigkeit oder Trägheit oder fein abgestuften Mischungen aus beidem.

Iwan der Schreckliche war vielleicht ein ebenso beredtes Beispiel dafür wie sonst irgend jemand. Wir fanden ihn, verdrießlich meditierend, in dem vereisten mittelalterlichen Gotteshaus von Nowodewitschi, seinem Lieblingsplatz, wenn ihn nach unheilvollen und bewegten Ereignissen wieder einmal die Reue verzehrte.

»Eure Majestät«, sagte ich ein wenig nervös.

»Laß die Förmlichkeiten«, schnappte er ungeduldig, »ich habe nicht lange zu leben.«

Er war sechsmal verheiratet. Nie hatte er einen Ersatz für seine erste Liebe finden können, die er zärtlich mit »Meine kleine Jungkuh« angeredet hatte.

Ich fragte ihn, warum er eine Abordnung an den Hof der Königin Elisabeth I. geschickt habe, damit man ihm dort eine siebente Gemahlin finde.

»Wir sind von Ungewißheiten umgeben«, sagte er versonnen. »Der endlose Horizont steckt voller unangenehmer Möglichkeiten. Im Osten und Süden sind ständig asiatische Nomadenstämme unterwegs, so wild und unberechenbar wie eine Naturgewalt. Im Westen schauen andere Augen zu uns her, jene der deutschen Ritter und der marodierenden Armeen des katholischen Königreiches Polen, ganz zu schwei-

Der prächtige backsteinerne Glockenturm im Kloster Nowodewitschi von 1690 (links); die Kuppeln von Glockenturm und Hauptkirche (oben rechts); Fresko über dem Eingang der Kathedrale der Gottesmutter von Smolensk (Mitte rechts); die Mauern und Türme des Wehrklosters, das ursprünglich zur Verteidigung der Hauptstadt erbaut wurde (unten rechts).

Annäherung an ein Verstehen

gen von denen der Schweden. Allein im Norden steht uns die Sicherheit des Meeres gegenüber. Es war ein Engländer, der zuerst ein Loch in unser Dach schlug, durch das die frische Luft an unsere Nasen dringen konnte – auch wenn dieses Loch den größten Teil des Jahres mit Eis und Schnee bedeckt ist. Ein Engländer.«

»Richard Chancellor.«

»Mach die Sache nicht durch solche ausländisch klingenden Namen noch komplizierter. Der Engländer!« brüllte er und faßte sich dann wieder. »Deshalb habe ich in England nach einer Frau gesucht. Ich hoffte, sie würde ein Stückchen Meer mitbringen, den Duft nur von Meerwasser ...«

Er verfiel in melancholische Träumereien. Er hatte gerade die Stadt Nowgorod so gut wie völlig zerstört, ein einmaliges Vorkommnis in der russischen Geschichte. Der Stadtstaat nordwestlich von Moskau hatte mit dem Westen Handel getrieben und war ungeheuer reich geworden. Er war mit einer Form von republikanischer Selbstverwaltung, mit einer Art Demokratie zur Blüte gelangt und zu einem kulturellen und kommerziellen Zentrum geworden, dessen Ländereien sich von den westlichen Grenzen Rußlands bis zum Rande des bewohnbaren Nordens erstreckten. Nun lag es in Schutt und Asche.

»Nowgorod mußte mal begreifen, daß es ein Teil Rußlands ist. Rußland ist doch nicht der Garten Nowgorods«, knurrte er.

»Aber es heißt, daß die Flüsse sich vor Blut rot gefärbt hätten«, hielt ich ihm entgegen.

Er gab sich zwanglos.

»Durchaus möglich. Wenn der Leib erkrankt, läßt der Arzt ihn zur Ader. Ich bin Rußlands Arzt.«

Unsere Blicke begegneten sich.

»Der Tod wird zur Gewohnheit«, sagte er, »wie die Reue. Die zwei brauchen einander.«

Da mir dazu keine passende Antwort einfiel, fuhr er vertraulich mit seiner fast schon geflüsterten Beichte fort.

»Du weißt, daß ich meinen Sohn umgebracht habe?«

Ich sagte, daß ich gerüchtweise davon gehört hätte.

»Schlug ihm meinen Spazierstock über den Schädel. Welcher Vater hätte das nicht bei dieser oder jener Gelegenheit getan? Wie konnte ich denn wissen, daß der Bursche einen so weichen Schädel hatte?« Er seufzte. »Ich tröste mich mit dem Gedanken, daß es bei all diesen niedrigen Gewölben im Kreml früher oder später ohnehin passiert wäre ...«

Als ich diesen lebhaften Burschen mit seinen unkontrollierbaren Wutausbrüchen und seiner seltsamen Mischung aus Argwohn und Aberglauben verließ, der seine Abstammung mit Hilfe ziemlich windiger Fachleute auf den Kaiser Augustus zurückführte, flüsterte er mir fast unhörbar und mit einer für seine Verhältnisse höchst ungewöhnlichen Großherzigkeit zu: »Ich werde für deine Seele beten, auch wenn du noch am Leben bist ...«

Rußland hat sich niemals des glücklichen Schicksals erfreuen dürfen, das Westeuropa dank seiner klar erkennbaren Grenzen vergönnt war – das hatte die Pyrenäen, den Rhein, die Alpen und vor allem das Meer, ein Meer, das frei war von jeglicher Invasionsgefahr, dafür aber eine fortwährende Aufforderung zum Abenteuer darstellte; Eldorado, die Neue Welt, China ... Rußland dagegen verfügte lediglich über eine Unendlichkeit gesichtslosen Landes, über die endlose Steppe, viel zu weitläufig und viel zu formlos für eine feste Verteidigung gegen unvorhergesehene Angriffe.

Gerade diese Größe, die dem Westen ebenso düster wie bedrohlich erschien, war das eigentliche und schreckliche Handicap. »Der schlafende Riese« – das war die Bezeichnung, die geprägt wurde, um die Furcht des Westens vor dem Potential Rußlands zum Ausdruck zu bringen – in eben der Weise, in der auch die »gelbe Gefahr« zum rassistischen Klischee wurde, in welchem sich die Besorgnis über die Fruchtbarkeit der Chinesen ausdrückte. Beide Länder haben ihren Ruf ebensowenig verdient wie King Kong, dieses Ungeheuer mit dem goldenen Herzen, die Angst und Aggressionen der Menge. Da diese Menge sich aus Leuten von ganz normaler Körpergröße zusammensetzte, war sie natürlich weniger an den Beweggründen des Riesenaffen interessiert, sondern eher daran, wohin er seine Füße setzte, denn schließlich war er ja durchaus in der Lage, aus schierer Tolpatschigkeit Tod und Verderben über die Menschheit zu bringen. In gleicher Weise geriet Rußland in den Ruf, dem Expansionismus zu frönen – und das hauptsächlich bei jenen, die sich noch weit besser auf dieses Geschäft verstanden.

Zu einer Zeit, da solches Treiben noch sehr beliebt war und von den höchsten weltlichen und geistlichen Autoritäten geradezu gefördert wurde, zankten und prügelten sich relativ kleine Nationen wie etwa die britische, die französische, die spanische, die portugiesische, die niederländische oder die belgische um Territorien, die keiner von ihnen gehörten. Schwer beladen mit Konquistadoren und Prälaten, durchstreiften ihre Schiffe die Welt, eifrigst bestrebt, die bitteren Früchte der Zivilisation auch noch in die entlegensten Winkel der Erde zu schaffen. Deutschland und Italien hatten sich erst sehr spät als Nationalstaaten konstituiert und schlossen sich deshalb diesem ganz besonderen Spiel erst an, als der Schiedsrichter schon längst gepfiffen hatte – um anzuzeigen, daß der Expansionismus nicht mehr der Mode entsprach, oder auch nur, daß sich die ausgesuchtesten Stücke bereits fest in der Hand der Club-

Silhouette der Kuppeln der Basilius-Kathedrale auf dem Roten Platz. Die facettierten Zwiebeltürme sind in leuchtenden Grundfarben gestrichen.

Die Türme und Kuppeln von Nowgorod (oben). Die Stadt wurde im 9. Jahrhundert an dem System von Seen und Flüssen erbaut, das als Handelsweg diente und die Ostsee mit dem Schwarzen Meer verband. Nowgorod entwickelte sich zu einer sehr mächtigen unabhängigen Republik. — Der Kreml mit seinen roten Backsteinmauern (unten) liegt am Ufer der Wolchow.

Annäherung an ein Verstehen

mitglieder befanden und nicht mehr viel übrig war, was man hätte an sich bringen können. Deshalb nahmen die beiden dann, was sie noch kriegen konnten – Namibia, Togo, Tanganjika, Libyen, Samoa, Eritrea, Somalia und schließlich kurzfristig und spät auch noch Äthiopien. Die Deutschen, die sich nach dem Ersten Weltkrieg durch den Vertrag von Versailles um ihre kolonialistischen Bestrebungen gebracht sahen, machten sich dafür 1939 an die Eroberung Europas, ein Unterfangen, das seit dem Sturz Napoleons im Jahr 1815 ganz entschieden gegen die Regeln verstieß.

Und das »expansionistische Rußland«? Als so riesenhaftes Land kaum mit einem ausreichenden Zugang zum Meer versehen, schafften es die Russen, sich bis zum Pazifik durchzukämpfen, womit sie den Osten erschlossen wie die amerikanischen Pioniere den Westen. Es gelang ihnen sogar, im Interesse der Pelztierjagd Alaska zu annektieren und sich tatsächlich auch noch ein wenig schüchtern an der Küste Kaliforniens entlang südwärts zu bewegen. Ob das der Grund dafür ist, daß die Staatsflagge Kaliforniens einen Bären und einen fünfzackigen roten Stern zeigt? Welche Erklärung auch immer es dafür geben mag – es sind doch recht merkwürdige Symbole für die Heimat von Rambo und Rocky.

Die Russen wagten sich auch nach Hawaii. Sie erwogen kurz, ob sie auf einer der Inseln bleiben sollten, waren aber bald die bloßen Busen, Grasröcke und einschläfernden Melodien leid und sehnten sich nach der gewohnten kalten Ungemütlichkeit Sibiriens zurück.

Das waren die einzigen Ansätze zu einer der europäischen Tradition entsprechenden Expansion. Andernorts praktizierten die Russen allerdings eine andere Methode der Ausdehnung. Sie lehnten sich nämlich gern an die Gartenzäune ihrer Nachbarn, und wenn diese unter ihrem nicht unerheblichen Gewicht zusammenbrachen, halfen sie großzügig dabei, sie ein Stückchen weiter von ihrem eigenen Zuhause entfernt wieder aufzurichten.

Natürlich erwies sich dieses Verfahren als nachteilig, sobald die Zeit gekommen war, da Kolonialismus zu einem Schimpfwort wurde. Die Russen konnten nicht einfach weit entfernte Territorien an die Eingeborenen zurückgeben – weil sie gar keine Kolonien besaßen. Und es ist sicherlich sehr viel schwerer und schmerzlicher, kleine Stücke des Heimatlandes wie Schokoladenriegel abzubrechen, wenn die Zusammengehörigkeit längst zur Gewohnheit geworden ist. Die Engländer machten diese Erfahrung bei den beiden Hälften Irlands, die Spanier bei den baskischen Provinzen und zeitweise bei Katalonien, die Franzosen bei Algerien. Wenn Rußland expansionistisch erscheint, dann nur aus dem einen Grunde, weil es besessen ist vom Gedanken an seine Verteidigung. Warum? Nun, Rußland wur-

Ustinovs Rußland

de sehr viel häufiger angegriffen, als es selbst angegriffen hat. Zugegebenermaßen hat es aber gelegentlich seine unmittelbaren Nachbarn überfallen. Die Ostseeküste wurde den Schweden abgerungen; Estland, Lettland und Litauen wurden geschluckt, ganz zu schweigen von Teilen Polens und der Moldau. Es muß jedoch auch gesagt werden, daß Moskau den Armeen Polens keineswegs fremd war, als dieses noch ein starkes Königreich war, und daß zur Blütezeit Litauens dessen Territorium bis zum Schwarzen Meer reichte.

Rußland hat sich nur dann über seinen *Cordon sanitaire* hinaus nach Westen vorgewagt, wenn die Zugehörigkeit zu einer Koalition dies von ihm verlangte. Nach dem Zusammenbruch Nazideutschlands besetzte es Berlin, um Einfluß auf Osteuropa zu nehmen; und davor waren seine Truppen auch einmal in Paris aufgetaucht – damals gehörten sie zur siegreichen Allianz gegen Napoleon.

In Europa jedoch hat der Russe seit dem Ende des Mittelalters, als nationale Interessen England, Frankreich, Deutschland und Spanien in erbitterter Gegnerschaft aufeinanderstoßen ließen und so unter großem Blutvergießen die Grenzen der neuzeitlichen europäischen Staaten entstanden, kaum je einen Schritt aus seinem Lande hinaus getan. Abgeschiedenheit, Heimweh, Mangel an Sicherheit, fremde Traditionen in Denken und Sprache, ein schwieriges ky-rillisches Alphabet – all das trug dazu bei, daß die Russen jenseits ihrer eigenen Grenzen nervös wurden. Als sie gegen Ende der Napoleonischen Kriege kurz in Paris erschienen, konnten sie die Lebensgewohnheiten nicht abschütteln, die sich auf den Steppen des Kuban herausgebildet hatten. Die Kosaken, von tiefstem Mißtrauen gegenüber städtischer Baukunst erfüllt, zogen es vor, auf den weiten Champs-Élysées zu biwakieren. Sie schöpften Wasser mit ihren fettigen Kappen und tranken daraus. Sie schlachteten Schafe und brieten sie mitten auf den Boulevards an offenen Feuern, denn sie waren der Ansicht, daß das »französische Essen unerträglich schlecht« sei.

Für den Russen ist sein Heimatland der Fels, an den er sich klammert. Jeder Schritt, der ihn davon entfernt, ist eine Strafe, jede Rückkehr ein Fest. Als Primo Levi, der große italienische Schriftsteller, von den Russen aus Auschwitz befreit wurde, beobachtete er, wie die Soldaten der Roten Armee in für sie typischer Weise Richtung Heimat strebten, nämlich wie eine große Schar ungebärdiger Schuljungen, die froh sind, dem Klassenzimmer entronnen zu sein. Sie reisten in Viehwaggons, die mit Betten, Kleiderschränken und Vorhängen ausstaffiert waren wie dörfliche Boudoirs. Vor ihnen lag eine oft Monate dauernde Reise, vielleicht bis nach Wladiwostok oder bis auf die Halbinsel Kamtschatka. Aber es ging nach Hause – und sie waren's zufrieden.

Refektorium und Sergius-Kirche im Dreifaltigkeits-Sergius-Kloster in Sagorsk.

Der vergoldete – fast sechzig Meter hohe – Turm der Peter-Pauls-Kathedrale (1715–1721) beherrscht die Stadtsilhouette von Leningrad am jenseitigen Ufer der Newa (oben). – Der Narwa-Triumphbogen (unten), der an den Sieg Alexanders I. über Napoleon im Jahre 1814 erinnert, besteht aus Granit und wird von der Siegesgöttin in ihrem Streitwagen gekrönt.

Annäherung an ein Verstehen

Atmosphärische Störungen ließen ihre Radios jaulen, gefährliche elektrische Kabel führten wirr von Waggon zu Waggon, Wäsche flatterte kühn aus den Fenstern der ratternden Eisenbahnwagen. Und am Morgen, auf einer winzigen Station irgendwo zwischen den Ginsterbüschen, dem Sand und den Föhren der grenzenlosen Ebene, glitten die Waggontüren auf und gaben den Blick frei auf halbbekleidete Männer und Frauen mit verschlafenen, bäuerlichen Gesichtern, welche in nüchterner Würde herabkletterten, um sich in dem eiskalten Wasser aus dem Hydranten zu waschen und dann aus losem Tabak und den Seiten der *Prawda* Zigaretten zu drehen.

Die unbequeme Wahrheit ist, daß die Russen in Europa keineswegs die Aggressoren waren, sondern daß immer wieder andere europäische Mächte in ihr Land eindrangen. Wer sind wir denn – wir, die Erben der europäischen Macht –, daß wir die Russen dazu auffordern dürften, Napoleon oder die Briten und Franzosen auf der Krim oder Hitler zu vergessen? Wir haben sie umworben und gehaßt. In Zeiten der Krise, wenn wir uns in Zuckungen selbstverschuldeter Katastrophen am Boden wanden, haben wir nach russischem Beistand geschrien – gegen Napoleon, gegen den Kaiser, gegen Hitler. Und in vielen Fällen waren sie es, die das Opfer brachten, das allein den Sieg sicherstellte, im Schnee auf den Straßen vor Moskau oder in den verwüsteten Ruinen von Stalingrad. Wenn dann der Sieg errungen war (und um welchen Preis!), dann waren sie wieder der Feind. Ein höchst merkwürdiges Schicksal.

Der Wunsch nach Sicherheit vor Mächten, deren Feindseligkeit und Unaufrichtigkeit sich in russischen Augen mehr als bestätigt hat, mag die Härte erklären, mit der Rußland den von ihm abhängigen Völkern seinen Einfluß aufgezwungen hat – so etwa den Polen, den Tschechen und den Ungarn. Eine Geschichte aus diesen Breiten macht das sehr anschaulich. Ein russischer und ein polnischer Arbeiter, die an der Reparatur eines baufälligen Hauses arbeiten, stoßen dabei auf einen Goldschatz. Der Russe sagt daraufhin voller Eifer: »Laß ihn uns brüderlich teilen.« – »Nein«, erwidert der Pole, »fifty-fifty.«

Riesengroß, argwöhnisch, mit sich selbst beschäftigt, teils europäisch, teils asiatisch, in administrativer Hinsicht ein Alptraum, von schwelenden sozialen Konflikten geschwächt, erntete Rußland erst spät die Früchte der europäischen Aufklärung. Sein Weg war befremdlich und gewunden, und die Richtung, die es genommen hat, erscheint vor allem den Regierungen jener Länder verhaßt zu sein, die wir als »liberale Demokratien« bezeichnen.

Ich möchte nichtsdestoweniger hier festhalten, daß Rußland den Vereinigten Staaten in der Aufhebung der Sklaverei voran-

Ustinovs Rußland

ging – die Leibeigenen wurden am Vorabend der Amtseinführung Abraham Lincolns befreit. Und ich möchte auch festhalten, daß ein Land, dem die Segnungen der kapitalistischen Technologie verwehrt sind, den Sputnik in den Weltraum aufsteigen ließ, bevor noch Amerika seine bemannten Satelliten in den Himmel entsandte.

Nein, es ist dies kein Land, das man mit Verachtung oder Furcht betrachten müßte.

Es ist ein weites Land, das sich von der Ostsee bis an den Pazifik, vom Polarkreis bis zum Iran und zum Schwarzen Meer erstreckt. Ein Land mit ungefähr 280 Millionen Einwohnern, die einem unübersehbaren ethnischen Wurzelgeflecht entstammen und ungezählte Sprachen sprechen. Wie läßt sich solch ein Reich verwalten?

Was die Regierung anbetrifft, so lag die Antwort seit Iwan dem Schrecklichen darin, alle Macht von einer starken Zentralgewalt ausgehen zu lassen. Die Schwierigkeit bei einem so starren, mehr als ein Sechstel der Erdoberfläche umfassenden System besteht darin, daß es niemals wissen kann, was an dieser oder jener Stelle gerade geschieht. Es ist nicht vorstellbar, daß es die Probleme von Kommunen, die Tausende von Meilen entfernt sind, je verstehen oder gar beheben kann. Diese unumgängliche Unwissenheit auf seiten eingebildeter Administratoren führt ganz automatisch zu Begriffsstutzigkeit und Faulheit. Wenn das auch heute noch so ist, um wieviel mehr muß es dann in jenen Zeiten der Fall gewesen sein, als es noch keinen Fernschreiber und kein Telefon, kein Flugzeug und keine Eisenbahn gab.

Tatsächlich ist die komische Literatur Rußlands voll von Beispielen solcher Irrtümer, die auf die räumliche Entfernung und die damit verbundene Vernachlässigung zurückzuführen sind. In Gogols *Toten Seelen* etwa kommt es zu Unregelmäßigkeiten bei der steuerlichen Erfassung verstorbener Leibeigener; im *Revisor* entsteht Unruhe, als ein betrügerischer Beamter aus der Hauptstadt anscheinend eine

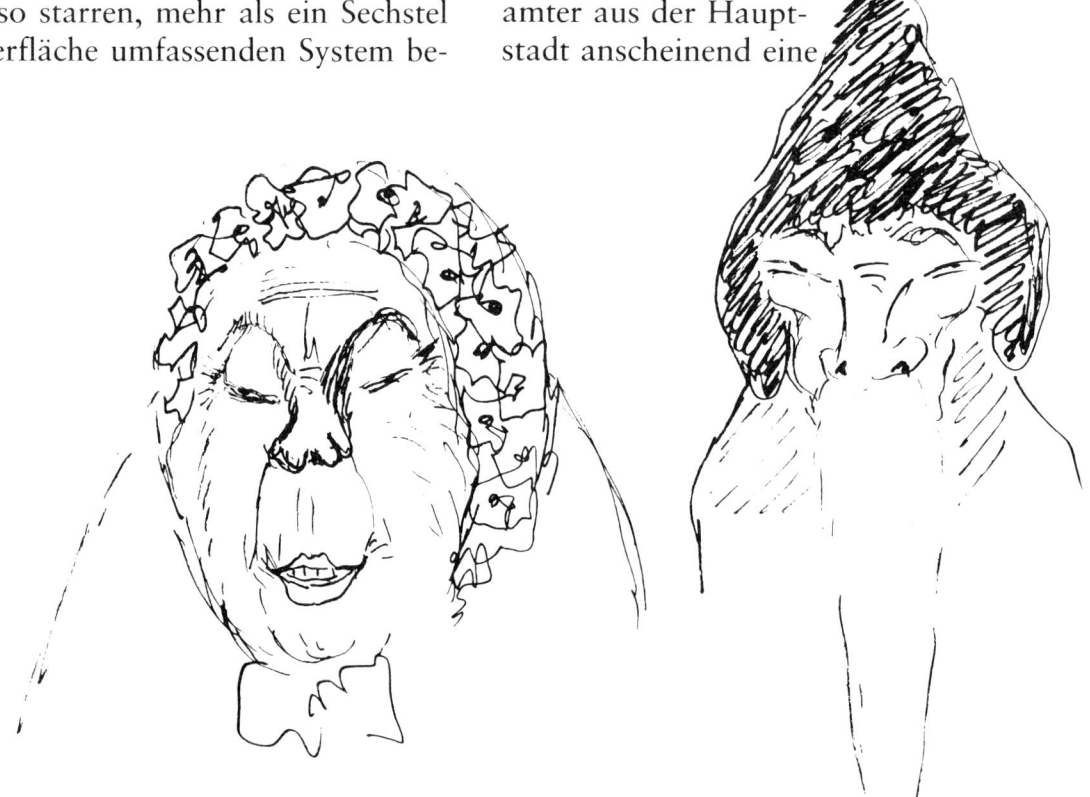

Annäherung an ein Verstehen

Überprüfung der örtlichen Behörden vornehmen will.

Stets gab es jedoch auch eine dem zentralistischen, alles bündelnden Bestreben der Staatsregierung entgegenwirkende starke, konservative und unabhängige Zugkraft der einzelnen Regionen. Das ganze Land war und ist eine riesige Ansammlung von Volksstämmen. Dieser Tatsache trägt formal auch heute noch jenes Konglomerat Rechnung, das sich Union der Sozialistischen Sowjetrepubliken nennt.

Archäologische und historische Erkenntnisse deuten darauf hin, daß die russische Geschichte ihren Anfang im Süden, in der Ukraine nahm. Es heißt, daß die erste Hauptstadt der Leute, aus denen später die Russen wurden, Kiew war. Nun ist das aber für viele Ukrainer eine sehr strittige Frage, insbesondere für die, die im Ausland leben. Denn obwohl das Material der Ethnologen und Sprachwissenschaftler belegt, daß die Bewohner von Kiew und Moskau sehr eng miteinander verwandt sind und gemeinsame Wurzeln haben, halten die Ukrainer daran fest, daß Kiew *ihre* Stadt ist und nichts gemein hat mit jenen Halbbarbaren, die die Ufer der Moskwa bevölkern. Als meine Fernsehserie erstmals in Kanada lief, waren viele der dort lebenden Ukrainer über meine Kommentare zu Kiew bestürzt. Natürlich gingen sie davon aus, daß ich den Standpunkt der Exilukrainer vertreten würde – ich aber tat mein Bestes, so objektiv wie möglich zu sein. Man warf mir vor, ich sei ein Werkzeug der sowjetischen Propaganda – ein Schandmal, das dann fairerweise auch die *Encyclopedia Britannica* und andere über jeden Verdacht erhabene Quellen schmücken müßte. Man gerät so leicht an einen bloßliegenden Nerv – und schon kommt der alte, primitive Adam des Stammesempfindens aus seiner Höhle hervor und streut unter dunklem Gemurmel und häßlichen Verleumdungen alles Verbindende in die vier Winde. Ich erinnere mich da an den Krach zwischen den Teilnehmern an einer UNESCO-Konferenz. »Wir bleiben nicht länger«, schnaubten ein paar Russen empört, »wir reisen nach Moskau zurück.« – »*Sie* vielleicht«, meinte daraufhin ein anderer sowjetischer Delegierter, »aber ich bin Ukrainer, und ich reise nach Kiew zurück.«

Man unterschätze niemals Intensität und Bedeutung des Lokalpatriotismus in der UdSSR. Fast alle Russen – einschließlich solcher Außenseiter, wie ich einer bin – haben irgendwo in den oberen Ästen ihres Stammbaums einen ukrainischen Ahnherrn versteckt. Und Entsprechendes gilt auch von jedem anderen Gebiet der Union. »Ich bin Sibirier«, sagt der Dichter Jewtuschenko. Der Herr Soundso ist aus Litauen oder aus Estland; oder jemand ist ein Usbeke, Kasache oder Mongole. Mikojan, das gerissene alte Schlachtroß, war Armenier. Gromyko, der ewig Überlebende, heute

Ustinovs Rußland

Präsident der Republik und nach mehr als einem halben Jahrhundert ungemilderter Strenge ein heiter lächelnder Gehilfe von Gorbatschows Rußland, stammt aus Weißrußland. Und Stalin mit seinem vollen Schnurrbart und unerforschlichen Patriarchengesicht war jeder Zoll ein Georgier. Armenier und Georgier sind uralte Völker, die über die weit zurückreichenden, geheimen und zählebigen Erinnerungen von Stämmen verfügen, welche an einem Scheideweg beheimatet sind – in diesem Falle dort, wo Europa und Asien ineinander übergehen. Beide Völker schlossen sich 1802 aus eigenem Antrieb der russischen Föderation an, um einen gewissen Schutz vor der Gefahr türkischer und persischer Übergriffe zu gewinnen. Aber das Vermächtnis ihrer langen Geschichte, das vor allem unter dem Georgier Stalin auf die Sowjetunion gekommen ist, ist überaus deutlich und ebenso charakteristisch und wird aller Wahrscheinlichkeit nach auch unter dem neuen Außenminister Schewardnadse lebendig bleiben.

Die Völker der Vereinigten Staaten gleichen eher den Getränken in einer amerikanischen Bar. Der Inhalt der Rassenflaschen wird in den Cocktailshaker gekippt, und dann wird eine schreiend bunte, überraschende Mischung produziert. Das Ergebnis pflanzt sich, die Hand auf dem Herzen, fest unter dem Sternenbanner auf und redet von »diesem unserem großen Lande«. Zumindest ist dies das Ideal. In der russischen Bar dagegen wird jede Flasche für sich gehalten, das Etikett fest draufgeklebt. Da gibt es die Schnäpse der baltischen Länder, die schweren Weine Georgiens, den Wodka aus Moskau und was sonst noch so an feurigen Getränken in Taschkent, Alma Ata, Irkutsk oder an den sibirischen Ufern der Lena gebraut wird.

Viele der Herausforderungen und offenkundigen Ungewöhnlichkeiten der Sowjetunion werden von Leuten, die auf die sehr andersartigen Widersprüche des Kapitalismus eingestellt sind, ausnahmslos den unflexiblen Theorien der Kommunistischen Partei zugeschrieben. In Wirklichkeit jedoch sind die meisten dieser verfahrensmäßigen Besonderheiten weit eher die Frucht der russischen Imagination als die des Marxismus.

Soll doch Katharina die Große ein wenig zur Erhellung dieses Sachverhaltes beitragen, während ich ihr dabei behilflich bin, ihren widerspenstigen Maltesischen Terrier auf dem üppigen Rasen vor ihrem Sommerpalast einzufangen. Das winzige Hündchen schießt, die verführerischen, von anderen Hundeedlen stammenden Botschaften an den Sockeln allegorischer Statuen ignorierend, wie ein Pfeil auf gerader Bahn über das Gras dahin und verschwindet in der Ferne.

»Rußland ist ein großes Land«, ruft Ka-

Die Dreifaltigkeits-Kirche bildet den Eingang zu dem Höhlenkloster in der Nähe von Kiew. Das Kloster wurde von Mönchen gegründet, die einst in diesen Berghöhlen südlich der Stadt lebten.

tharina ihm nach, »du kannst nicht entkommen.«

Ein wenig später fängt sie an, ihre Weltsicht darzulegen.

»Die Italiener sind wundervolle Tenöre«, meint sie, »die Franzosen bewundernswerte Tanzlehrer, die Schweizer unvergleichliche Uhrmacher und die Deutschen vorzügliche Könige und Königinnen. Damit wir uns nicht falsch verstehen, das ist ein Gewerbe wie jedes andere auch.«

Selbstverständlich pflichte ich ihr bei, weiß ich doch, daß sie gebürtige Deutsche ist.

Sie glaubt, ich würde einen brauchbaren Höfling abgeben – bis ich ihre Aufmerksamkeit auf die Belege für die an ihre abgelegten Liebhaber gegangenen Gaben lenke, die sich in meinem Besitz befinden. Allesamt waren ihre Liebhaber gute Höflinge, und sie verfügten über ein feines Gespür für das, was jenseits der Grenzen bloßer Pflichterfüllung liegt. Für diesen hier 6000 Rubel und 500 Leibeigene zum Geschenk. Für den da, physisch weniger verläßlich, 3000 Rubel und 300 Leibeigene. Und so geht das weiter, es ist eine lange, verwerfliche Liste.

Sie betrachtet mich kalt. »Sind Sie ein Spion? Sie müssen Brite sein.«

Ach ja, das Vorurteil ist keine Einbahnstraße.

»Madame«, sage ich, ihre Frage übergehend, »Ihr müßt Euch über folgendes klar sein: Es gibt Leute, die es sehr schwierig finden, die außerordentlich liberalen Ansichten, die Ihr äußert, mit der tadelnswerten Selbstherrschaft zu vereinbaren, die Ihr praktiziert. Ungeachtet Eurer Sklavengeschenke habt Ihr erklärt, daß die Sklaverei unmoralisch sei. Streitet Ihr das ab?«

»Keinen Augenblick. Hier gibt es keine Sklaverei, nur ein Nutzungsrecht.«

»Na, na, Madame, ist das etwa weniger unmoralisch als die Sklaverei?«

»Nein. Es ist mein Wunsch, dem ein Ende zu machen. Aber ich habe augenblicklich noch nicht die Macht, um meinen Willen durchzusetzen. Die Investition in die Vergangenheit ist zu groß. Man muß sich sehr vorsehen, wenn man versuchen will, gegen den Strom der russischen Geschichte zu schwimmen. Und dann – was werden die Leibeigenen mit ihrer Freiheit anfangen? Sie haben in dieser Hinsicht nicht die geringste Schulung genossen. Sie werden sich verlassen vorkommen, so ohne Anweisungen, und dann voller Groll sein wie mein Terrier. Nicht wahr?« wendet sie sich direkt an ihn. Er antwortet mit einem matten Wedeln seines kurzen Schwanzes.

»Selbst die höchsten Ideale werden, wenn man sie in die Praxis umsetzt, zu einer nüchternen Sache«, erklärt sie. »Ein Schiff fährt nie auf einer geraden Linie, sondern folgt einer allgemeinen Richtung. Es wird von Wind und Wellen hin und her geworfen und gehorcht zeitweilig den Kräften der Natur, aber es verläßt niemals die

Gläubige treffen vor der Kathedrale von Wladimir ein, um am Gottesdienst zum Schilfsonntag (Palmsonntag) teilzunehmen (oben rechts). – Die Alten, die stets in der Nähe der Kirchen zu finden sind, halten ihren eigenen Rat ab (oben links). – Der Metropolit trifft ein, um den gut besuchten Gottesdienst zu halten (unten).

Zwei Weltkriege und die Oktoberrevolution scheinen dieser alten Stadtbewohnerin wenig angehabt zu haben, wie sie da so steht und von den Stufen der Kiewer Kathedrale aus die Welt betrachtet.

Annäherung an ein Verstehen

eingeschlagene allgemeine Richtung. Am Ende erreicht es den Hafen – trotz all der kleinen Fallen, die die Natur ihm stellt.«

»Es gibt noch ein anderes denkbares Schicksal für ein Schiff«, wage ich zu äußern.

»Und das wäre?« fragt sie, wobei ihre Augen schmal werden.

»Es kann untergehen.«

Sie lacht.

»Sie machen mir Spaß. Es ist ein Jammer, daß Sie nicht zwanzig Jahre jünger sind. Und ich zehn Jahre älter.«

Meine Irritation verbergend, unternehme ich einen erneuten Versuch, den Terrier beizubringen.

»Bemühen Sie sich nicht«, sagt sie. »Wenn ich gehe, wird er mir nachrennen, auch ohne gerufen zu werden. Er ist ein Rüde, wissen Sie, keine Hündin.«

Die sowjetische Regierung ist nicht in der Lage gewesen, ihre russische Vergangenheit abzuschütteln, und man hat das Gefühl, daß Katharina wohl einige der heutigen Vorstöße verstanden, ja, sie sogar gutgeheißen hätte. Sie wäre durchaus fähig gewesen, Michail Gorbatschow in eine dialektische Debatte darüber zu verwickeln, welche Maßnahmen man in einer idealen Welt ergreifen sollte, und dabei gleichzeitig überaus zurückhaltend mit ihrer Zustimmung zur praktischen Durchführung ebensolcher Maßnahmen zu bleiben. Es lag vielleicht an diesem Zwiespalt zwischen den verhaßten praktischen Notwendigkeiten und den luftigen theoretischen Hirngespinsten, daß so viele ihrer Vertrauten als Philosophen firmierten. Was die Befriedigung des anderen Teils ihrer Natur anbetraf, so fand sich unter ihren Liebhabern alles, vom ausschweifenden Prinzen bis zum ungehobelten Sergeanten.

In einem so weiten und vielgestaltigen Land mag der Reisende sehr wohl Grund haben, gelegentlich für den Halt dankbar zu sein, den Autorität und Disziplin ihm bieten. Als wir in Moskau filmten, hatten wir die Genehmigung, ganz nach eigenem Wunsch alle Theaterproben und alle Vorstellungen in Wort und Bild aufzuzeichnen. Im Bolschoitheater filmten wir einen ganzen Akt des *Boris Godunow*, ohne daß es auch nur die Andeutung einer Beschwerde gegeben hätte, und dies, obwohl wir mehrfach die Sicherungen durchbrennen ließen, weil wir uns an das 127-Volt-Netz angehängt hatten. Wir waren ermächtigt, und das genügte. Ich wage mir gar nicht vorzustellen, was für einen Ärger wir im Westen bekommen hätten. Was für Schwierigkeiten, was für Debatten, was für Kostenberechnungen! Was für Zusatzausgaben, was für ein unnötiger Arbeitskräfteeinsatz, was für Kompetenzstreitigkeiten! Ich möchte hier nicht über die Stärken und Schwächen westlicher Gewerkschaftsverträge urteilen – aber die

Ustinovs Rußland

Leichtigkeit, mit der wir uns in Moskau bewegen konnten, ließ mich doch manchen Seufzer der Erleichterung ausstoßen.

Der Staat ist ein Kindermädchen, im guten wie im schlechten Sinne, und wacht mit strengem Auge über das Betragen seiner Kindlein. Und das soll angeblich – ganz wie in wohlgeordneten englischen Familienhaushalten – alles nur zum Besten der kleinen Lieblinge sein. Als wir einmal bei einem internationalen Basketballturnier das Spiel zweier Damenmannschaften filmten, beobachtete ich die medizinischen Helfer, die am Rande des Spielfeldes saßen. Sie blickten so abweisend wie Gesichter aus Stein und so ungeheuer viktorianisch drein. Ihre Kleidung lag halbwegs zwischen der des Chirurgen und der des Metzgermeisters, und es war nur zu klar, daß sie die düstere Warnung an alle Spieler verkörperten, sich ja nicht zu verletzen. Ganz wie das gute alte Kinderfräulein.

Der plötzliche Ansturm sowjetischer Emigranten, die aus den Vereinigten Staa-

Vor dem Kindertheater in Nowosibirsk strömt das jugendliche Publikum an einem Springbrunnen vorbei, aus dem Musik erklingt.

Ustinovs Rußland

ten zurückkehrten, muß niemanden überraschen. Wenn man die Wahl zwischen Möglichkeit und Sicherheit hat, dann kann der Anblick eines amerikanischen Steuerformulars mit seinen kompliziert gebauten Sätzen und indiskreten Fragen, abgefaßt in einer Sprache, die sich selbst für einen Eingeborenen an der Grenze der Verständlichkeit bewegt, sehr wohl den Ausschlag bei der Entscheidung geben.

Die staatliche Kontrolle hat jedoch auch ihre Grenzen. Ich hatte den Eindruck, als sei sich die sowjetische Führung sehr wohl des wackligen Fundaments bewußt, auf dem ihre Zentralgewalt errichtet ist.

Das Fernsehen zum Beispiel, von dem man erwarten könnte, daß es als ein staatlich überwachter Kanal Propaganda ausstrahlt und wirksam das Denken der Massen beeinflußt, war für mein Empfinden in dieser Hinsicht ziemlich milde. Wenn überhaupt etwas, dann war es auf eine verbissene Weise informativ, erfüllt von dem ernsthaften Wunsch, Dinge zu erklären. Nichts von subtiler psychologischer Überredung, nichts auch von jenen Verzerrungen und Tricks, die unser westliches Fernsehen in so überreichlichem Maße dem Verkauf von Corn-flakes, Hundefutter und politischen Parteien widmet. Der russische Fernsehkommentator ist kein großer Weiser, kein Bildschirm-Superman wie ein Walter Cronkite oder ein Robin Day – er ist viel eher ein leicht professoral wirkender Herr, der, vor einer Bücherwand sitzend, langatmig und umsichtig berichtet, was sich aus sowjetischer Sicht in der Welt zugetragen hat. Die schroffste Bemerkung, die ich während meiner gesamten Rußlandreise zu hören bekam, lautete: »Inzwischen geht in Kairo die Varietévorstellung weiter.« Angesichts der Wirren im Nahen Osten ist das in der Tat sehr milde. Es ist ganz so, als herrsche ein Bedürfnis vor, selbst noch nicht existente Situationen zu entschärfen und die Nachrichten kühl und ohne Reibungsflächen zu präsentieren. Frau Thatcher erklärte mir einmal mit dem ganzen Gewicht ihrer Autorität, daß es in Rußland keine öffentliche Meinung gebe. Ich kann mich noch an meine Antwort erinnern: »Ich nehme an, Frau Premierminister, daß die Russen deshalb in diesem Jahrhundert schon zwei Revolutionen erlebt haben, die Briten dagegen nur Fußballkrawalle und ein paar bittere Streiks.«

Die Wahrheit ist, daß die Kommunistische Partei der Sowjetunion heute die öffentliche Meinung genauso beachtet wie jede politische Partei in Großbritannien. Sie hat keine andere Wahl.

Um es mit den Worten meines Großonkels Alexander Benois auszudrücken, der der Begründer der Zeitschrift *Mir Iskusstwa* (Die Welt der Kunst) und eine Säule des russischen Balletts war, so ist die russische Einstellung zur Kunst von frommer Ehr-

Tolstois schneebedecktes Haus in Jasnaja Poljana. Hier lebte er nach seiner Hochzeit mit Sofja Andrejewna Bers im Jahre 1862 bis zu seinem Tode 1910. Das Haus ist in dem Zustand erhalten worden, in dem man es beim Tode Sofjas im Jahre 1919 vorfand. Tolstoi wurde in dem Wald begraben, der das Haus umgibt. Seinem Wunsch entsprechend bezeichnet kein Stein und keine Plakette die Stelle seines Grabes.

Der Schauspieler Lew Durow, der in der Fernsehserie die Rolle Tolstois spielt, am Schreibtisch des Schriftstellers in Jasnaja Poljana.

Annäherung an ein Verstehen

furcht bestimmt. Ganz sicher wird, wenn ein angesehener Dichter beginnt, sein Werk in aller Öffentlichkeit vorzutragen, der Verkehr umgeleitet, der Dichter nicht unterbrochen, die Menge nicht zerstreut. Die Ehrfurcht vor der Begabung führt dazu, daß der Künstler eine sehr viel wichtigere Rolle in der sowjetischen Gesellschaft spielt als in jedem anderen Lande des Teiles der Welt, der sich »frei« nennt. Es ließe sich sogar sagen, daß der den Künstlern vorbehaltene Platz so bedeutsam ist, daß sie sogar der Verfolgung für wert befunden werden, sollten sie den ihnen zugestandenen Einfluß dazu mißbrauchen, die Diktate der zentralen Staatsgewalt in Frage zu stellen oder abzulehnen.

Darin liegt eine gewisse Ironie. Diese Einstellung deutet auf eine Form von Spiritualität, ja von Glauben hin, die gar nicht so weit von der Religion entfernt ist. Die Werke Dostojewskis, Tolstois, Tschechows, Puschkins zu lesen, sie wieder zu lesen, auswendig zu lernen und in Ehren zu halten; seine Empfindsamkeit der reinen Wirkung Tschaikowskis, Mussorgskis, Borodins, Prokofjews zu öffnen; in versunkener Betrachtung vor den Meistern der darstellenden Künste zu verharren — alle diese Verhaltensweisen stellen in einem sehr realen Sinne eine Form des Glaubens dar. Man erinnert sich an Lenins Gedanken beim Anhören der »Appassionata« von Beethoven, die er sich bei jeder nur denkbaren Gelegenheit vorspielen ließ: »Wozu wäre der Mensch *nicht* fähig?«

In unserem Teil der Welt werden die Klassiker weit weniger häufig oder gründlich gelesen, und von den Theatern und Opernhäusern erwartet man, daß sie ihre Unkosten so weitgehend wie möglich selbst tragen. Die Künste werden als äußerer Zierat am Bauwerk des Lebens angesehen, nicht aber als lebensnotwendiger Bestandteil dieses Bauwerks selbst.

In unserem Fernsehfilm ist Tolstoi einer meiner Interviewpartner. Er wird von dem hervorragenden Schauspieler Lew Durow gespielt, der in Moskau kostümiert und geschminkt und dann im Auto nach Jasnaja Poljana, zum Haus von Tolstoi, gebracht wurde. Noch ungefähr vierzig Kilometer von ihrem Ziel entfernt, wurde die Limousine von einer Verkehrsstreife angehalten, die offenbar stark daran interessiert war, zu erfahren, was ein Fahrzeug der Regierung, mitten im Winter mit solchem Tempo über das Glatteis der Straßen dahindonnernd, so weit weg von der Hauptstadt zu suchen habe.

Als er ins Innere des Wagens blickte, bekam der Verkehrspolizist so etwas wie einen Herzanfall, saß in den Kissen im Fond doch Tolstoi, der, weil er seinen Text lernte und kein Auge für seine Umwelt hatte, mit sich selbst zu sprechen schien — ein typischer Zeitvertreib von Menschen in sehr, sehr hohem Alter.

Ustinovs Rußland

Nach Aufklärung des Sachverhalts durfte das Auto weiterfahren. Als dann die Szene im Kasten war, schickten wir Durow in einem anderen Wagen nach Moskau zurück, während wir noch ein oder zwei Stunden lang Aufnahmen im Hause machten. Nach getaner Arbeit quetschten wir uns allesamt in die Limousine und fuhren schnell auf dem gleichen Wege wie Durow in Richtung Moskau.

Wir waren ungefähr vierzig Kilometer von Jasnaja Poljana entfernt, als uns eine Straßensperre stoppte. Eine große Anzahl von Streifenbeamten, von denen nicht wenige dienstfrei hatten und in Zivil waren, wollte unbedingt Tolstoi zu Gesicht bekommen. Die Männer waren tief enttäuscht, als sie entdeckten, daß in der Limousine lediglich ein Fernsehteam saß und er ihrem Fahndungsnetz in einem kleineren Auto entkommen war.

Können Sie sich eine amerikanische Polizeistreife vorstellen, die Mark Twain in einem von einem Chauffeur gesteuerten Wagen erkennt, oder daß sich ein englischer Bobby in der Gesellschaft von, sagen wir, Charles Dickens weiß? Dem wäre noch hinzuzufügen, daß Tolstois Haus im letzten Krieg von Arbeitern einer Fabrik am Orte vor der Zerstörung bewahrt wurde. Sie griffen die Nazikohorten vorzeitig an und hielten das Haus, bis die vorrückende Rote Armee es erreicht hatte. Zuvor, nämlich während des großen Rückzuges vor Hitlers unbarmherzigem Vormarsch, hatte man das gesamte Inventar dieser historischen Stätte in einem besonderen, den Erfordernissen entsprechend beheizten Eisenbahnzug nach Sibirien verfrachtet – und dies zu einer Zeit, da jeder Zug gebraucht wurde, um Armeen zu evakuieren oder Munition an die Front zu schaffen. Diese Aktion zeigt beispielhaft, wo für die Sowjets die Prioritäten liegen.

Ich erinnere mich an meine Ausbildung an einer Londoner Schauspielschule als an die Vorbereitung auf ein idealisiertes Theater – ein Theater, das es gar nicht gibt, eine Art selbstloser Kunsttempel. Der Eintritt in dieses Theater und die Anpassung an seine Realität brachten ein gewisses Maß an Desillusionierung mit sich, ein Zurückstecken der Erwartungen und eine Hinnahme dessen, was man als *Showbiz* kennt, mit all seinem Rummel, Firlefanz und Flitterkram.

Solch ein Übergang ist in der Sowjetunion nicht erforderlich. In gewissem Sinne sind die meisten Schauspieler ewige Studenten ihrer Kunst – direkt von der Schule weg kommen sie zu festen Ensembles, die den gleichen Leitlinien folgen wie die Schulen und die sich weder lange Spielzeiten leisten noch rein kommerziellen Erwägungen unterworfen sind. Sie spielen zwei- oder dreimal pro Woche und haben nie übergebührlich unter öder Routine zu leiden. Sie erhalten sich so jene jugendliche Unschuld,

Ich traf mich mit zwölf Schauspielern des Moskauer Mossowjet-Theaters, die gerade eine Matinee-Vorstellung meines Stückes Halb auf dem Baum *gegeben hatten, das nun schon zehn Jahre zum Repertoire des Theaters gehört.*

jenes Gefühl für künstlerische Reinheit, die so schnell wie möglich zu verlieren man uns im Westen ermutigt, auf daß das Leben lebenswert werde.

Das Mossowjet-Theater in Moskau hat mein Stück *Halb auf dem Baum* schon über zehn Jahre lang in seinem Repertoire. Als ich zum erstenmal hinging, um es mir anzusehen, versammelte der Hauptdarsteller Rostislaw Plyat alle Schauspieler im grünen Salon.

Da saß nun die ganze Spielerschar mit Schreibblock und schreibbereitem Stift.

»Wie könnten wir das Stück noch englischer machen?« wollte Plyat wissen.

»Aber es ist doch in fast schon schmerzender Weise englisch«, antwortete ich, »ein sehr erschöpfendes und unbehaglich stimmendes Bild der Freuden einer ganz bestimmten Art von englischem Landleben. Sie bringen das ganz hervorragend.«

Dieses große Lob kam nicht an.

»Mr. Ustinov«, sagte Herr Plyat streng, »wir sind nicht hier zusammengekommen, um Schmeicheleien auszutauschen. Daß wir Sie schätzen, findet seinen Ausdruck schon darin, daß wir Ihr Stück spielen. Daß Sie uns schätzen, zeigen Ihre freundlichen Worte. Da das nun aber erledigt ist, lassen Sie mich meine Frage wiederholen: Wie könnten wir das Stück noch englischer machen?«

Ich appellierte an die Logik.

»Wozu wollen Sie es denn noch englischer machen?« fragte ich. »Nur wenige Ihrer Zuschauer werden je dorthin reisen, noch weniger waren schon dort.«

»Es ist unsere Aufgabe, den Zuschauern ein Gefühl des Englischen zu vermitteln«, blitzte er mich an. »Ob sie dort waren oder nicht, ob sie je dorthin kommen oder nicht – wir haben als Künstler die Pflicht, sie gewahr werden zu lassen, in welchem Maße Ihr Stück englisch ist!« Er schlug einen neuen Ton an, den Ton einer stahlharten Sachlichkeit.

»Ich frage Sie nun ein drittes Mal. Wie könnten wir das Stück noch englischer machen?«

Es war klar, daß ich einen Weg zu diesem Ziele finden mußte. Ich zögerte. Endlich meinte ich: »Nun, vielleicht . . .«

Alle Blöcke und Stifte wurden in Positur gebracht. Offenbar war ich endlich soweit loszulegen.

»Vielleicht«, fuhr ich fort, »ist das Kreuz auf der Bibel des Pfarrers ein wenig groß geraten, wenn man berücksichtigt, daß es hier ja um die anglikanische und nicht um die katholische Religion geht.«

Sie schrieben alle wie wild mit.

»Warum haben Sie das denn nicht gleich gesagt?« fragte der große Schauspieler.

Nicht alle meine Begegnungen waren von solcher Ernsthaftigkeit.

Professor Arnold Katz, der vorzügliche Dirigent des großartigen Philharmonischen Orchesters von Nowosibirsk in Sibirien,

Ich fand es höchst amüsant, in Moskau ein Plakat zu entdecken, das den Film Spartakus ankündigte, den ich vor immerhin dreißig Jahren gedreht hatte. Er scheint heute in Moskau ein großer Hit zu sein.

In Sagorsk, dem Hauptsitz der orthodoxen Kirche, werden junge Mönche wie schon vor Jahrhunderten von ihren älteren Brüdern auf Herz und Nieren geprüft.

Annäherung an ein Verstehen

hörte sich meine Frage an, ob es möglich sei, die Orchesterprobe aufzunehmen. »Selbstverständlich«, antwortete er, »aber möchten Sie, daß die Leute gut spielen wie im Konzert, oder sollten sie schlecht spielen und ich ihnen dann die Hölle heiß machen?«

Es war für unsere erschöpften Geister fast so etwas wie eine Erleichterung, in dieser strapaziösen Atmosphäre künstlerischer Wahrhaftigkeit eine Spur unschuldiger Spitzbüberei zu finden.

Die künstlerische Wahrheit ist, wie wir gesehen haben, eine Variation der religiösen. Die Religion ist nach streng marxistischer Auffassung noch immer das Opium des Volkes und wird deshalb mißbilligt. Auf der anderen Seite haben die Traditionen des orthodoxen Glaubens starken Einfluß auf die Vorstellungen der Menschen, weshalb der öffentliche Gottesdienst (für die orthodoxen Christen und für andere) widerwillig und in einem bestimmten Rahmen zugelassen worden ist. Eine Kirche kann ein Ort sein, der dem Dienst Gottes geweiht ist, oder aber auch ein Museum des Aberglaubens — je nachdem, wie es die weltlichen Mächte in ihrem mysteriösen Wirken beschließen.

Die letztere Erscheinungsform, die ziemlich weit verbreitet ist, mag blasphemisch und häßlich erscheinen. Das aber war durchaus nicht der Eindruck, den ich bekam, als ich mir ein paar dieser ehemaligen Kirchen ansah. Das sind keine von einer grobschlächtigen atheistischen Propaganda besudelten Stätten. Nach dem ernsten und vielleicht sogar von Ehrfurcht bestimmten Willen der Russen sollen sie der Vernunft als Tempel dienen. Sie liefern ein weiteres Beispiel für jene schon beim sowjetischen Fernsehen beobachtete Eigenart, nämlich das Bestreben, zu erziehen, zu erklären und zu überzeugen. Diese Museen sind darauf angelegt, zu zeigen, wie die Religion von den alten herrschenden Klassen höchst absichtsvoll dazu benutzt wurde, das arbeitende Proletariat zu unterjochen, zu betrügen und zu beherrschen. Die Religion war, um bei der Sprache des Marxismus zu bleiben, eine Waffe im Klassenkampf. Das aber ist — selbst für Gläubige — ein durchaus interessanter und beinahe akzeptabler Gesichtspunkt. Und der Versuch, den Begriff der Gottheit durch den der Vernunft zu ersetzen, ist ein vollkommen vernünftiges und respektables Unterfangen, welches nicht sehr viel anders und sicherlich um nichts unerhörter ist als das, was Bertrand Russell im Sinn hatte, als er *Warum ich kein Christ bin* schrieb.

Die größte gegen diese Tempel der Vernunft erhobene Klage ist nicht etwa die, daß sie einen gewaltsamen, gewissenlosen Atheismus zeigen, sondern die, daß sie ziemlich langweilig sind. Die Gottesdienste nach russisch-orthodoxem Ritus dagegen sind alles andere als langweilig. Sie bieten an Wunder und Farbe, Tradition und Schönheit all das, woran es den Museen mangelt. In eigentümlicher Weise bietet die sowjetische Staatsgewalt jedem Geschmack etwas – dem vernünftigen Zweifel ebenso wie dem irrationalen Glauben.

Sehr häufig zeigt sich im russischen Verhalten etwas Paradoxes. Um in sein innerstes Wesen vorzudringen, rufe ich die Erinnerung an Fjodor Dostojewski auf, den großen Propheten der Paradoxie. Was für ein Leben! Fjodor, der Epileptiker, der Depressive, der manisch Schuftende im Arbeitshaus der Armut und der Imagination. Sein elender Vater wurde von den eigenen Leibeigenen umgebracht, doch Fjodor war der Fürsprecher der Sklaven. 1849 wurde er als Mitglied eines revolutionären Kreises zum Tode verurteilt und zur Hinrichtungsstätte geführt. In allerletzter Minute sprengte ein Reiter mit der Begnadigung herbei, die ihn in die Gefangenschaft und die Entbehrungen Sibiriens verbannte. Wage ich es, diesen Leidenden, dieses Opfer, diesen Giganten zu befragen?

»Fjodor Michailowitsch, Sie haben eine wundervolle Rede zum Gedenken an Puschkin gehalten. Voller Ehrlichkeit und von ungeheurer Überzeugungskraft, und da sagten Sie, daß es die Bestimmung Rußlands sei, die Welt durch das Beispiel der Selbstlosigkeit und der brüderlichen Liebe neu zu beleben ...«

»Was im einen Augenblick wahr ist«, belehrt er mich, »ist im nächsten schon verdächtig. Die Stimmung eines Augenblicks kann vollkommen vernünftige Menschen zur wildesten Begeisterung treiben, die sie schon im nächsten wieder von sich weisen. Aber zumindest in diesem Augenblick, im Augenblick meiner Antwort, sehe ich, daß einzig die Russen in der Lage sind, zu erkennen, daß das Leiden den alleinigen Weg zur Möglichkeit zukünftigen Glücks darstellt. Alles wird durch Leiden geläutert. Jeder Augenblick der Glückseligkeit muß mit den Münzen des Elends bezahlt werden.«

»Und war das auch bei Ihnen so, als Sie den Augenblick der Hinrichtung vor sich hatten, als Sie im sibirischen Exil litten und dann als gemeiner Soldat in der Armee? Was für eine Entschädigung wurde Ihnen dafür zuteil? Sind Sie denn gar nicht verbittert angesichts all dieser vergeudeten und traurigen Jahre?«

»Vergeudet und traurig? Nein! Mein Leben gab mir alles: meine Literatur, meine Figuren, mein Verständnis, mein Mitgefühl. Warum sollte ich eine äußerliche Ungerechtigkeit verübeln? Ich bin diesen Narren, diesen Idioten, die mich zum Tode durch Erschießen verurteilten, dankbar, ja sogar zutiefst verpflichtet.«

Ich sehe aus einem der tiefsten Höllenkreise die Scharen der Despoten, Spione, Denunzianten und Geheimpolizisten aufsteigen und zu ihrer Rechtfertigung heraus-

In Dostojewskis Arbeitszimmer, in dem alles so belassen wurde, wie man es bei seinem Tode vorfand. Auf dem Tisch liegen ein halbfertiges Manuskript und eine Nachricht von seiner Tochter; die Kerzen werden jeden Tag angezündet, und es wird ihm ein Glas frisch aufgegossenen Tees hingestellt.

schreien: »Warum lastet man uns an, was Fjodor Michailowitsch angetan wurde? Sind wir nicht zum Teil verantwortlich für einige der größten Werke der Menschheitsgeschichte?«

Das ist eine sehr russische Reaktion.

»Ich sehe Sie zusammenpacken«, sage ich. »Gehen Sie?«

»Wir reisen morgen nach Westeuropa«, antwortet er.

»Der Westen!« rufe ich aus. »Sind Sie gern dort?«

»Ich hasse ihn«, murmelt er, »aber welche andere Möglichkeit hat man denn, Rußland wiederzuentdecken, als die, ins Ausland zu gehen?«

Die hübsche junge Führerin in Tolstois Haus erklärte uns, wie rücksichtslos doch die Frau des großen Mannes hatte sein können.

»Aber würden Sie nicht auch sagen«, warf ich ein, »daß er ein unausstehlicher Lebensgefährte gewesen sein muß?«

»Oh, da stimme ich Ihnen voll und ganz zu.« Und die hübsche junge Person sah mich mit großer Erleichterung an.

Die Unterschiede zwischen dem Leben im Westen und dem Leben in der Sowjetunion werden aus verständlichen Gründen von den Zeitungen und anderen Medienmächten stark übertrieben. Der Beobachter jedoch, der viel im Land umherreist, ist eher beeindruckt von den überall zu entdeckenden Gemeinsamkeiten der menschlichen Natur, die den oberflächlichen Einfluß der Politik mühelos überwinden.

Vor etlichen Jahren sah ich einmal an einem frostigen Wintertag in Leningrad die Fernsehübertragung eines Fußballspiels zwischen der UdSSR und Schweden, das in Tbilissi (Tiflis) in Georgien ausgetragen wurde. Das Spiel hatte keine besonderen Höhepunkte, aber das Wetter dort im Süden war schön und warm. Das Gras war grün, die Bäume waren voller Blätter, und die Zuschauer sahen in Hemdsärmeln dem Spiel zu. Es war wohltuend, das alles von einer Stadt aus zu betrachten, die unter einer dicken Decke aus Eis und Schnee begraben lag.

Am Ende der ersten Halbzeit erschien eine jener traurigen und würdevollen Damen, von denen es in der Sowjetunion so viele gibt, auf dem Bildschirm, und der Haarknoten an ihrem Hinterkopf ließ sie aussehen wie eine Ballettmeisterin von unaufdringlicher Kultiviertheit. Sie setzte uns davon in Kenntnis, daß als Pausenvergnügen ein Besuch beim Obersten Sowjet vorgesehen sei, wo wir eine Auswahl aus den am Morgen dort gehaltenen Reden zu hören bekämen. Breschnew und Kossygin steckten im Hintergrund die Köpfe zusammen, während im Vordergrund ein Delegierter zu einer absolut unbeweglichen Zuhörerschaft sprach. »Ich verstehe zwar die

Die herrliche Kirche der Kazaner Muttergottes aus dem Jahr 1671 (oben) steht auf dem alten Besitz der Zaren bei Kolomenskoje, wohin sich Peter der Große vor den revoltierenden Strelitzen geflüchtet hatte. Die Christi-Himmelfahrts-Kirche (unten) ließ Wassili III. 1532 zum Dank für die Geburt seines Sohnes erbauen, der später als Iwan der Schreckliche bekannt wurde.

Die goldenen Kuppeln der Orthodoxie erstrahlen vor dem leuchtendblauen Winterhimmel.

Annäherung an ein Verstehen

Sprache nicht«, sagte meine Frau, »aber ich habe doch das Gefühl, daß ich den Inhalt der Rede mitbekomme.« Und dann wurde plötzlich mitten im Satz der Bildschirm schwarz, und ich dachte bei mir: »Was ist das? Eine Stromunterbrechung?« Mitnichten. Die melancholische Dame mit dem Haarknoten erschien wieder, um den Beginn der zweiten Halbzeit des Fußballspiels zu verkünden.

Später sprach ich darüber mit unserem Portier, einem gefährlich aussehenden Burschen, mit dem nicht zu spaßen war. Er sah mich finster an. »Hören Sie«, sagte er dann, »wenn uns wegen dem politischen Quatsch auch nur eine Sekunde von dem Spiel entgangen wäre, dann wäre es hier in Rußland zu einer neuen Revolution gekommen.«

Der Sport ist für die Russen zu einer bedeutenden Quelle des Selbstvertrauens geworden, und der freie Austausch von Athleten hat in dieser atomaren Welt ganz sicherlich einen zivilisierenden Einfluß. Es ist eine von vielen Möglichkeiten, etwas übereinander zu erfahren – und wenn wir einmal ganz ehrlich sind, so haben wir doch sehr viel mehr voneinander zu lernen, als einander beizubringen.

Ich sah im litauischen Fernsehen den ersten Wimbledon-Sieg von Boris Becker, und abgesehen von ein paar kleinen Eigenheiten der russischen Kommentatorin hätte ich genausogut auch in Genf oder Los Angeles sitzen können. Die Berichterstatterin, die selbst einmal in Wimbledon gespielt hatte, war von dem Spiel beeindruckt. Aber sie meinte, Becker sei noch ein klein wenig zu jung für eine solche Ehre. Dieser Kommentar erschien mir sehr kennzeichnend. Nach Ansicht bestimmter älterer Russen hätte Breschnew Wimbledon gewinnen können, wenn er nur gewollt hätte.

Das Schreckgespenst der Russen ist die Gestalt des Oblomow, jener großartigen Schöpfung des Romanciers Gontscharow. Oblomow ist ein Mensch von einer so erleuchteten Faulheit, daß sie sich in die Stratosphäre der Poesie erhebt. In ihm gewinnt ein ganz bestimmtes Rußland Gestalt, und er steht in einer Reihe mit Don Quichotte, dem Symbol der spanischen Fähigkeit zur Selbsttäuschung, oder dem braven Soldaten Schwejk, dem Inbegriff der tschechischen Überlebenskunst, oder Falstaff, dem Heißluftballon englischer Aufschneiderei und Mildtätigkeit.

Wenn heutzutage russische Polizisten dazu angehalten werden, verschmutzte Autos mit Strafzetteln zu versehen, dann ist das die allerneueste Entwicklung in dem niemals endenden Kampf gegen den Oblomow in jedem Russen.

Wir trafen Oblomow an, als er gerade – Rip van Winkle gleich – aus einem hundertdreißigjährigen Mittagsschläfchen erwachte.

»Wie sind denn Sie hier reingekommen?« fragte er voller Unruhe.

»Nun, es hat mich niemand daran gehindert.«

»Wo ist denn dieser Diener wieder hin? Hab' ich ihn in die Stadt geschickt? Ich weiß es einfach nicht mehr. Das sieht Dienern so ähnlich, nicht wahr? Kaum braucht man sie mal, sind sie verschwunden. Und doch muß man welche haben, einfach weil jeder welche hat. Einen anderen Grund gibt es nicht.«

»Sie scheinen mir nicht ganz auf dem Damm zu sein.«

»Ja, ja. Ich bin erschöpft. Wenn das nicht wäre, hätte ich so viele interessante und wunderbare Dinge in meinem Leben tun können. Übrigens, warum hat eigentlich der Hund nicht gebellt, als Sie hereinkamen?«

»Das weiß ich nicht. Ich bin an ihm vorbeigekommen, aber er schlief.«

»So ist das also. Ich habe mal irgendwo gelesen, daß sich Herr und Hund mit zunehmendem Alter immer ähnlicher werden.«

»Wären Sie nicht besser dran, wenn Sie heirateten?«

»Ich habe daran gedacht, und doch ... Ach, wissen Sie, selbst die unbedeutendsten Frauen, die ohne jede Spur eines eigenen Charakters, haben die schreckliche Angewohnheit, sich eine Persönlichkeit zuzulegen, wenn man sie heiratet, und deshalb machen sie eine Vermählung zu einer so gefahrvollen Sache.«

»Oblomow, denken Sie mal einen Augenblick nach!«

»Nein, nein!« Und er steckte seinen Kopf für kurze Zeit unter die Bettücher. »Das ist das letzte, was ich tun darf«, flüsterte er, als er wieder zum Vorschein kam. »Es könnte tödlich sein. Mein Arzt meint, daß ein Mensch in meinem gebrechlichen Zustand nicht zum Denken veranlaßt werden sollte.«

»Vielleicht sollte ich lieber wieder gehen?«

»Ja, bitte. Weil ich doch meinen Diener nicht finden kann. Er ist wahrscheinlich in der Stadt. Ich denke, ich werde seine Abwesenheit nutzen und ein Nickerchen machen. Würde es Ihnen etwas ausmachen, den Hinterausgang zu benutzen?«

»Wieso das?«

»Wenn Sie vorne hinausgingen, könnte der Hund anschlagen, und das würde mich wecken.«

Rußland beeindruckt einen als ein Land, in dem sich jeder strikt an die Regeln hält. Manchmal allerdings wird diese Strenge erschüttert, dann nämlich, wenn offenbar sakrosankte Regeln plötzlich durch andere, ebensowenig flexible ersetzt werden. Ich erinnere mich, daß ich dem alternden Tolstoi die Frage stellte: »Stimmt es, daß Sie vor ein paar Jahren, als Sie gerade erst achtzig

Annäherung an ein Verstehen

geworden waren, den Geschlechtsverkehr für unmoralisch erklärt haben?«

Tolstoi kramte matt in seinen Erinnerungen und nickte zustimmend.

»Sie dachten aber nicht immer so.«

Er überlegte einen Augenblick, errötete vor Zorn und schlug dann hart mit der Faust auf den Tisch.

»Worauf es ankommt, ist, was ich *heute* denke«, brüllte er.

3

Eine Ahnung dessen, was einmal war

Eine sowjetische Hochzeit gleicht eher einer kirchlichen Trauung als einer standesamtlichen. Die Schicksalsmacht im Hochzeitspalast von Kiew wird von einer wie ein Druide gekleideten Dame verkörpert. Lenin hängt – überlebensgroß – an der Wand, und auf einer Musikantengalerie thront ein Orchester mit volkstümlichen Instrumenten, das auf ein Stichwort hin die Lücken im Ritual mit hymnischen Liedchen füllt. Die Verwandtschaft ist von dem Geschehen so bewegt, wie sie es in einer unserer Kirchen auch wäre, und nach all den Ermahnungen und Förmlichkeiten erinnert schließlich die Nationalhymne die Brautleute an ihre Pflichten als junges sowjetisches Paar.

Bevor die beiden aber in der traditionellen weißen Limousine mit den verschränkten, stark an das olympische Symbol erinnernden Eheringen davonfahren, küssen sie ihre Angehörigen zum Abschied, die geschenkten Blumen fest umklammernd. Am Anfang ihrer Flitterwochen, auf dem Weg zum Bahnhof oder Flugplatz, stoppt ihr Gefährt an den Gräbern von Kriegern, bekannten oder unbekannten. Das junge Paar verneigt sich vor der von ihm ausgewählten Gedenkstätte und legt dort seine Blumen nieder. Dann steht es Hand in Hand ein oder zwei Minuten in stillem Gedenken an jene, die ihr Leben und die Freuden der Jugend opfern mußten. So will es die Tradition. Diese Geste wird erwartet und ist schicklich. Wäre nahezu die Hälfte der Vereinigten Staaten je von einem Angreifer besetzt worden und hätten zwanzig Millionen Menschen ihr Leben lassen müssen, um das Land von dieser Plage wieder zu befreien, so hätte sich zweifellos auch dort ein solcher Brauch herausgebildet.

Die erschütterndsten dieser Ruhestätten liegen wohl außerhalb von Leningrad und in Babi Jar bei Kiew. In Wolgograd, praktisch eine völlig neu erbaute Stadt, gibt es noch etliche Spuren jener wilden Orgie der Zerstörung, die unter dem Namen Stalingrad in der Erinnerung fortlebt. Man findet dort häufig flache Hügel, von denen ein jeder die sterblichen Überreste Tausender von Menschen birgt. Einen ähnlichen Anblick bieten auch die Überreste des berüchtigten Konzentrationslagers in Bergen-Belsen. Dort traf der Tod die Menschen in viel zu großer Zahl und viel zu wahllos, um noch eine Identifikation zuzulassen, die über die Angabe eines Datums hinausgegangen wäre. Zumeist ist lediglich eine Jahreszahl auf einer einzelnen Steinplatte eingemeißelt. – An jedem Sonntag sind die russischen Friedhöfe voll. Viele der Besucher kommen offensichtlich regelmäßig –

Eine Ahnung dessen, was einmal war

jene Arm- oder Beinamputierten, jene, die humpeln oder an Krücken gehen, jene, die nur einsam sind und Gesellschaft suchen. Hier weint eine alte Frau still vor sich hin, ein Taschentuch mit dicken, gekrümmten Fingern vor das Gesicht gepreßt, dort blickt ein Veteran im Rollstuhl den Tatsachen ins Auge, unerschrocken und ohne Emotionen. Im Mittelpunkt dieses konzentrierten Aktes des Erinnerns läßt die von der ewigen Flamme aufsteigende Hitze die ganze Szene erzittern, als ob in der Stille ein kräftiger Puls schlage.

Die Russen betrachten den Krieg keineswegs als etwas Glanzvolles. Das hieße zu viel von ihnen erwarten. Sie sind gern bereit, die Rockys und Rambos und Schöpfungen wie die Fernsehserie *Amerika* mitsamt allen anderen Früchten einer überhitzten Phantasie jenen zu überlassen, denen die grauenhafte Wirklichkeit der Okkupation und kriegerischer Auseinandersetzungen weitgehend erspart geblieben ist. Seit Menschengedenken haben fremde Armeen die Grenzen Rußlands überschritten, und diese Grenzen selbst haben sich bei jeder neuerlichen Prüfung der russischen Stärke verschoben. Ganz am Anfang kamen sie aus dem Osten, die grinsenden Glücksritter, die ebenso grausam wie leidenschaftslos waren. Sie trugen furchterregende Namen – die Tataren, die Petschenegen, die Polowzer, die Goldene Horde. Sie zerstörten alles, was ihnen im Wege stand, und forderten dann von den gedemütigten Russen ruinöse Steuern.

Die Bewohner der Ukraine wurden von den übrigen Russen getrennt und westwärts gedrängt. Ihre Sprache durchsetzte sich mit polnischen Wörtern. Kiew wurde dem Erdboden gleichgemacht, die neue Hauptstadt wurde Moskau – nach heftigem Wettstreit mit den anderen Städten des Moskau umgebenden, sogenannten Goldenen Ringes, also mit Rostow, Wladimir, Jaroslawl, Susdal und dem stolzen Stadtstaat Nowgorod,

der aufgrund seiner geographischen Lage zwar von dem Terror der Mongolen verschont blieb, dafür aber etwa siebenhundert Jahre später direkt auf dem Wege des noch größeren Terrors der Nazis lag.

Wenn es nicht die Mongolen waren, dann waren es die deutschen Ritter, die Litauer, die Schweden oder die Polen, die das Land rund um Moskau besetzten. Dann kamen die Türken, die stets eifrig darauf bedacht waren, einen russischen Durchbruch zum Schwarzen Meer zu verhindern. Diese endlosen Konflikte wandelten die russische Armee von einem wüsten Haufen in eine sehr wirkungsvolle Streitmacht um. Der erste Seesieg über die Türken sowie militärische Erfolge im Kampf gegen die Schweden und Türken brachten Europa schließlich zum Bewußtsein, daß hier eine Macht entstanden war, mit der man zu rechnen hatte, was den Westen nun wirklich nervös werden ließ.

Von da an wurde Rußland als Verbündeter umworben und begann am Tagesgeschehen teilzunehmen – man denke nur an die Aufteilungen Polens zwischen Rußland, Preußen und Österreich. Es kämpfte weiterhin gegen die Türken und beteiligte sich an allen Bündnissen gegen Napoleon, was in der französischen Invasion, der Eroberung und dem Niederbrennen Moskaus, der Politik der verbrannten Erde und schließlich dem Einmarsch alliierter Truppen in Paris gipfelte.

An der Straße, die vom litauischen Vilnius (Wilna) zur Ostsee führt, steht eine Eiche, die den Namen »Napoleons Eiche« trägt, denn es heißt, er habe sein Zelt unter dieser Eiche aufgeschlagen, als er sich auf den Weg machte, Rußland zu erobern.

Im Jahre 1807 trafen Napoleon und Alexander I. in Tilsit auf einem Floß mitten auf der Memel zusammen – eine Art symbolische Begegnung, die von den Protokollchefs beider Seiten arrangiert worden war. Naiv und idealistisch, war Alexander von Napoleon ganz überwältigt, der sich von seiner besten Seite zeigte und seinen gewinnenden gallischen Charme nutzbringend einzusetzen wußte. Die Zusammenkunft endete mit einem Freundschaftsvertrag, der weitreichende Perspektiven enthielt.

1812 marschierte Napoleon jedoch in Rußland ein. Am Anfang lief alles sehr gut für die Franzosen – die Russen, unter dem Kommando des Generals Barclay de Tolly, mußten das Feld räumen. In der Schlacht bei Borodino hielten die Russen stand, und es kam trotz aller militärischen Fähigkeiten Napoleons zu keiner Entscheidung. Nun wurde die Politik der »verbrannten Erde« erfunden, und Städte, Häuser, Felder und Wälder wurden niedergebrannt. Moskau wurde aufgegeben, so daß beim siegreichen Einzug Napoleons der Hufschlag der französischen Pferde in leeren Gassen widerhallte.

Napoleon konnte wegen des einsetzen-

Rostow gehört zu den Städten, die den »Goldenen Ring« um Moskau bilden. Die Mauern des Kreml erwiesen sich hier eher als Zierde denn als geeigneter Schutz. Zwei Zeremonialtore wurden in die Mauern eingebaut und beide mit jeweils einer Kirche und zwei Türmen versehen. Die Torkirche Johannes' des Evangelisten (unten) wurde 1683 erbaut.

den Winters weder weiter nach Rußland hineinmarschieren noch bleiben, wo er war, noch auch den Rückzug antreten und damit eine Niederlage eingestehen. Seine Versuche, Alexander an ihre vormalige Freundschaft zu erinnern – »Denkt doch an die schönen Stunden, die wir zusammen auf dem Floß bei Tilsit verbracht haben!« –, wurden zurückgewiesen, und der unvermeidbare Rückzug begann. Marschall Kutusow trieb Napoleon auf eben dem Weg, auf dem dieser ins Land eingedrungen war, wieder aus Rußland hinaus, um ihm all die Verwüstungen vor Augen zu führen, die auf sein Konto gingen.

Alexander war erfüllt von der Vorstellung, ein Friedensstifter zu sein. Er verfaßte ein bemerkenswertes Dokument, in dem er seiner Ansicht Ausdruck verlieh, daß die Staaten ihre Meinungsverschiedenheiten nach bestimmten Regeln beilegen sollten. Er hielt eine europäische Konföderation, ja, einen Völkerbund für möglich! Er war wirklich ein Visionär.

Nur etwa vierzig Jahre später folgte die erbärmliche Farce des Krimkrieges, jenes Feldzuges ohne jeden Grund. Er war die Folge eines Ultimatums der britischen, französischen und türkischen Regierungen, die den Russen einen Krieg für den Fall angedroht hatten, daß bestimmte Bedingungen nicht erfüllt würden. Diesen Forderungen wurde zwar entsprochen, da aber in der bulgarischen Stadt Varna, in der sich das Hauptquartier der Alliierten befand, der Typhus ausgebrochen war, erachtete man es für weiser, eine Invasion zu starten, als die Soldaten nach Hause in Quarantäne zu schicken. Die Unternehmung geriet zu einer Lehrbuchillustration der Unverantwortlichkeit, Grausamkeit und Sinnlosigkeit von Kriegen. Die britische Admiralität verfügte zwar über eine Karte der Gegend; leider war auf ihr aber nicht verzeichnet, daß die Gewässer zu beiden Seiten der Landbrücke von Perekop, die die Krim mit dem Festland verbindet, nirgendwo tiefer als ein paar Meter waren, so daß die britischen Kriegsschiffe auf Grund liefen. Die Franzosen hatten nicht mal eine Karte. Sie mußten sich auf zwei Aquarelle verlassen, die der ahnungslose französische Künstler Raffet gemalt hatte. Beide Gemälde wurden als kriegswichtige militärische Dokumente beschlagnahmt und der Maler in der Hoffnung auf zusätzliche Informationen durch die Mangel gedreht. »Versuchen Sie, sich an dieses Detail da drüben zu erinnern. Ist das eine Straße? Wohin führt sie? Beschreiben Sie das Terrain links von Ihrem Bildausschnitt.«

Die Franzosen benutzten zudem erstmals in der Geschichte eine Art Telegraph, der den Kaiser mit seinen Kommandeuren im Felde verband. Das versetzte Napoleon III. in die Lage, seinen Generälen anhand der beiden Aquarelle Instruktionen zu geben, wo sie anzugreifen hätten. General Pelissier

Die Mariä-Himmelfahrts-Kathedrale in Rostow (unten) ist gerade noch hinter der Kreml-Mauer sichtbar. Sie liegt gegenüber dem Tor und der Torkirche Christi Auferstehung, die beide 1670 erbaut wurden. – Das Bild oben zeigt die Kuppeln der Torkirche Johannes' des Evangelisten in Rostow.

legte daraufhin sein Kommando mit der ahnungsvollen Bemerkung nieder: »Am paralysierenden Ende eines elektrischen Kabels geführt, wird der Krieg zunehmend zu einem Ding der Unmöglichkeit.«

Die russischen Offiziere waren um nichts kompetenter als ihre Gegenspieler. Als der Angriff der Leichten Brigade gerade seinen Höhepunkt erreichte, zügelte Lord Lucan sein Pferd, um einen russischen Artillerieoffizier nach dem Befinden einer Dame der Pariser Gesellschaft zu fragen, bei der sie beide einmal zu Gast gewesen waren. Lord Reglan, ein General der alten Schule, der Wellington 1815 bei Waterloo als Sekretär gedient hatte, sprach aus purer Gewohnheit von seinen französischen Verbündeten als vom Feind.

»Morgen bei Tagesanbruch greifen wir die Franzosen an.«

»Aber, Sir ...«

»Wie, wollen Sie es wagen, mir zu widersprechen? Als ich ein Grünschnabel wie Sie war, wußte ich noch, wie man schweigt.«

Und bei Tagesanbruch:

»Herr General, die französischen Abgesandten sind eingetroffen.«

»Ha, sehr gut. Sind also klug genug, sich zu ergeben.«

»Nicht ganz, mein General.«

»Was bleibt ihnen schon übrig? Wir sind ihnen doch zahlenmäßig überlegen, oder etwa nicht? Ah, Monsieur, da sind Sie ja. Was gibt's?«

»Ich muß protestieren, mein Herr. Durch irgendeinen Fehler sind Ihre Kanonen auf uns gerichtet.«

»Und dem sollte ja wohl auch so sein.«

»Aber nein, wir sind doch Ihre Verbündeten.«

»Was für Verbündete? Ist das wahr? Warum hat man mir das nicht gesagt?«

»Aber, Sir, ich habe versucht ...«

»Zum Teufel mit Ihnen, Sir, Sie mit Ihrem dauernden Dazwischengerede. Wollen Sie nicht gefälligst mal still sein?«

Für uns ist durch die Geschichte von den edlen humanitären Bemühungen der Florence Nightingale und durch die aufrichtige Berichterstattung des William Russell in der *Times* die Krimkampagne zu einer bleibenden Metapher für militärische Dummheit geworden.

Der große Krieg von 1914 begann mit annähernd den gleichen lächerlichen Attitüden wie der Krimkrieg, aber man erinnert sich seiner heute eher wegen des gigantischen Maßstabes seiner Operationen – etwa so, als ob ein schlichter Pfeifton so orchestriert worden wäre, daß er symphonische Dimensionen annahm und die Dirigenten, jedenfalls viele von ihnen, dann jede Macht über die Instrumente verloren hätten. Rußland verhinderte durch seine überstürzte Mobilmachung und voreilige Offensive, daß der Krieg verlorenging, auch wenn es zum Zeitpunkt des Sieges gar nicht

Das Kloster Mariä Schutz und Schirm von 1364 in Susdal (oben). Es diente früher als Frauengefängnis, in dem aufsässige Mitglieder des Zarenhaushalts und adliger Familien untergebracht wurden. Heute werden Teile der Anlage wiederhergestellt, um als Hotel, Restaurant und Konzertsaal zu dienen. – Unten die Boris-und-Gleb-Kirche (1152) in Kidekscha bei Susdal.

Das Museum für Holzbaukunst in Susdal (oben). – Unten links die im Jahr 1525 erbaute Mariä-Himmelfahrts-Kirche im Erlöser-Euthymios-Kloster in Susdal. – Die dunklen Kuppeln der 1225 errichteten Mariä-Geburts-Kathedrale (unten rechts) erheben sich über der Stadt Susdal.

Im Museum für Holzbaukunst in Susdal baut man viele russische Holzkirchen wieder auf, um sie zu erhalten. Man findet aber in entlegenen Teilen des Landes noch immer viele solcher Kirchen in baufälligem Zustand vor. Die Verklärungs-Kirche (1756) wurde aus dem Dorf Kosljatjewo in das Museum von Susdal gebracht.

Die Demetrius-Kathedrale in Wladimir, erbaut 1194–1197. Diese herrliche Kirche ist reich mit Steinreliefs verziert, die unter anderem Pflanzen, Greifen, Pfauen und Löwen zeigen.

Eine Ahnung dessen, was einmal war

mehr dabei war. Da war das Land fest im Griff der Revolution, sah sich mit einem wiedererwachenden Polen konfrontiert, während die Ukraine von den Deutschen besetzt war. Und dann kam es zu einem Ereignis, das man heute gern übersieht, nämlich zum Einmarsch britischer, französischer, kanadischer, amerikanischer und japanischer Truppen in die Sowjetunion — ein Versuch, das kommunistische Experiment im Keim zu ersticken. Vielleicht hat man dieses Unternehmen ja vergessen, weil es erfolglos blieb — und das ist genau der Grund dafür, daß es allen sowjetischen Schulkindern vertraut ist, erwarb sich hier die Rote Armee doch ihren ersten Schlachtenruhm nach der Revolution.

Hitlers Invasion im Jahre 1941 war, was Menschenopfer und Zerstörungen anbetrifft, in dem sich wiederholenden Muster der geschichtlichen Vorkommnisse das wohl bei weitem kostspieligste. Angesichts des hocheffektiven Tötungspotentials unserer Tage haben die Russen nicht das geringste Interesse an einer Wiederholung dieser Erfahrung. Es ist ihnen durchaus klar, daß die nächste kriegerische Eskalation auch die letzte sein wird. Und sie lieben das Leben. Ihre Verehrung für die Toten ist ein Maßstab dieser Liebe. Aber trotzdem wird Rußland als expansionistisch und als Feind angesehen. Warum? Weil es überall auf der Welt, in Amerika, in Europa, ja auch in Rußland, Menschen gibt, die nur schwer ohne einen Feind leben können. Die Vorstellung, einen Feind zu haben, ist beruhigend und verstärkt die geistige Trägheit. Man weiß, wo man steht, ohne die eigene Position jedesmal wieder neu bestimmen zu müssen.

Und machen wir uns doch nichts vor — in einer Gesellschaft, die sich am Markt orientiert, ist ein Feind allemal gut fürs Geschäft. Das wissen eben auch jene nur zu genau, die zugeben, daß der, der als erster zur Atomwaffe greift, ein Kriegsverbrecher von solcher Dimension ist, daß die elenden Schufte von Nürnberg als jugendliche Delinquenten erscheinen müßten. Gegenwärtig wird der Besitz eines sogenannten atomaren Abschreckungsmittels, statt moralisch verwerflich zu sein, als praktischer Vorteil angesehen. Solange sich diese Einstellung nicht ändert, werden immer irgendwo Feinde zu finden sein, die den schlichten Gemütern Befriedigung verschaffen und den Narren sagen, was sie zu tun haben.

Die Vergangenheit lebt. All ihre verschiedenen Aspekte werden liebevoll bewahrt und zur Erhellung der Gegenwart genutzt. Im Geologischen Institut von Sibirien befindet sich ein Mammut, das man aus der Vergessenheit der Sümpfe und des ewigen Frostes ausgegraben hat. Es handelt sich um ein Jungtier, dessen Magen noch mit unverdauten Gräsern gefüllt ist. Im Erdgeschoß der

In der Eremitage in Leningrad kann man die geschwärzten Überreste eines Mannes aus Sibirien und seines Pferdes betrachten, die der gefrorene Boden fast 4000 Jahre lang konserviert hat.

Eine Ahnung dessen, was einmal war

Eremitage in Leningrad sah ich die Überreste eines Mannes, eines Urrussen, der vielleicht schon zweitausend Jahre vor Christi Geburt zu ewiger Dauer erstarrt ist. Ein höchst ungewöhnlicher Anblick. Der Körper ist genau zu erkennen, nur gedunkelt und verschrumpelt, und die Haut hat die Beschaffenheit von Gummi — wie diese schwarzen, von Lastwagen stammenden Reifenteile, die man häufig an Straßenrändern liegen sieht. Die einzelnen Merkmale des Körpers sind ganz klar und haben fast etwas Solides an sich — ganz anders als die dünnen, feinen und verdorrten Züge der ägyptischen Mumien.

Die sibirische Leiche hat sogar noch Augenlider. Die Zehen- und Fingernägel sind von grotesker Länge. Die Zähne sind intakt und ragen aus dem eingeschrumpften Zahnfleisch hervor. Es ist einfach erstaunlich. Um der Schicklichkeit willen sind die Lenden mit einer Art Jutetuch bedeckt. Seine Frau wurde auch gefunden, aber sie wird nicht ausgestellt. Man sagt, daß sich der Metallschmuck, den sie an ihren Hand- und Fußgelenken trug, in ihren Körper eingefressen hatte, so daß die Gliedmaßen abfielen, als er mit Luft in Berührung kam. In der gleichen Grabstätte fand man auch noch ein Pferd und einen Wagen. Die Räder dieses Wagens sind riesengroß, die Radnabe befindet sich etwa in Höhe meiner Schultern, und zwischen den Rädern ist ein kleines korbähnliches Gebilde mit einer Art Sonnendach darüber zu erkennen. Das Pferd liegt fast so da wie ein Fötus, als hätte es sich zusammengezogen wie eine tote Fliege.

Wer war dieser Mann? Offensichtlich stammt er aus den nördlichen Klimazonen, denn die riesigen Räder seines Wagens sind hervorragend geeignet, Eis und Schnee zu überwinden. Er hatte rötliches oder karottenfarbiges Haar, das anfing grau zu werden. Aus seinen Knochenmaßen läßt sich ableiten, daß er vielleicht einen Meter achtzig groß war — eine ganz erstaunliche Größe für ein so altes Exemplar der Gattung. Die alten Karten stellen Rußland so dar, als sei es völlig menschenleer gewesen. Da irren sie sich.

»Der Weg in die Zukunft«, sagte Lenin einmal, und das mag manchen überraschen, »liegt im Bedenken des Vergangenen. Wir sind nur durch die Erfahrung dessen, was zuvor gewesen ist, bis hierher gelangt. Wir werden uns verändern, aber wir werden nicht vergessen. Was uns zur Revolution führt, das liegt in einem tiefen Verständnis der Geschichte begründet, und ihr Erfolg muß auf dem Bewußtsein unserer Menschlichkeit aufbauen.«

Als wir in Litauen filmten, stießen wir auf ein altes Dorf, das mit großer Sorgfalt in der alten Holzbauweise rekonstruiert worden war. Einige Gebäude waren noch original. Man hatte sie an entfernten Orten gefunden, abgebaut und hier wieder aufgestellt. Bei anderen handelte es sich um sehr genaue Nachbauten, originalgetreu bis ins kleinste Detail. Alles war sehr schlicht und doch schön. Eine Familie kümmerte sich um die Anlage, ein älteres Ehepaar, dessen ereignisloses Dasein den Eindruck noch verstärkte, als lebte es mitten im Litauen des 18. Jahrhunderts.

Die alte Frau hatte eine Schwester, die in Kanada lebte, wohin es viele Litauer verschlagen hat. Als sie entdeckte, daß sie ein kanadisches Team vor sich hatte, war sie so überwältigt, daß sie weinte. Grußbotschaften wurden uns mit großer Dringlichkeit anvertraut, Familienfotos gemacht und ausgetauscht. Tausende von Fragen wurden von uns nach bestem Wissen beantwortet, wir tranken auf unser gegenseitiges Wohl. Erst weinten die Alten, dann weinten wir. Es war ein höchst bewegender Augenblick. Einmal mehr zeigte sich, daß die Menschlichkeit stärker verbindet als alles andere.

In der Marsch bei Nowgorod hat man ein paar auf Baumrinde gekritzelte Rechnungen gefunden. Es handelt sich um die Zahlungsaufforderungen von Barbieren und Händlern, die vor vielen Jahrhunderten gelebt haben – ein gestutzter Bart, ein Haarschnitt oder Pomade für soundso viel Rubel. Man hat alte Musikinstrumente rekonstruiert und wieder gelernt, sie zu spielen. Manchmal ist das Gewöhnliche von größerer Beredsamkeit als das Außergewöhnliche.

Es gab Augenblicke, da dachte ich, daß die Vergangenheit für den Russen mehr Realität hat als die Gegenwart. Ich merkte bei einer Gelegenheit an, daß Mrs. Thatchers Sehnsucht nach einem viktorianischen Wertgefüge in der Sowjetunion weitgehend gestillt werden würde. Rußland ist ein sehr konservatives Land.

Wenn ein russischer Schriftsteller stirbt, wird sein Haus oder sein Arbeitszimmer sogleich zu einem Heiligtum. Alte Damen, die so unerbittlich sind wie Kriegsbeile, kümmern sich um den heiligen Ort. Aus wackeligen Korbstühlen mit durchgesessenen Sitzen beäugen diese vestalischen Jungfrauen den Besucher mit unverwandtem Blick. Passen Sie doch auf, die Glasvitrine ist wirklich nicht dazu da, daß sich Müßiggänger drauf stützen! Nun hauchen Sie doch nicht das Bild an, die Feuchtigkeit macht die Vergoldung des Rahmens ja ganz stumpf! Diese Damen sind der Inbegriff der Wachsamkeit.

Nach Abschluß unserer Dreharbeiten in der Eremitage wurde eine Rede von mir erwartet. Ich erklärte unseren Gastgebern, daß der Sturm auf den Winterpalast wahrscheinlich nie stattgefunden hätte, wenn die wachsamen alten Damen zur Zeit der bolschewistischen Revolution schon dagewe-

Vilnius (Wilna), die Hauptstadt Litauens (oben und unten links). Litauen ist eine der drei baltischen Republiken. Wie Lettland und Estland war Litauen zwischen den Weltkriegen unabhängig, heute gehören aber alle drei Republiken zur sowjetischen Föderation. Vilnius liegt am Zusammenfluß von Neris und Wilija; die Stadt wurde im letzten Krieg stark zerstört, als sie von den Deutschen besetzt wurde. — Die Burg Trakai (unten rechts) liegt 28 Kilometer westlich von Vilnius. Im 15. Jahrhundert aus rotem Backstein erbaut, erhebt sie sich einsam auf einer Insel.

sen wären. Die Revolutionäre wären dann dazu angehalten worden, sich ordentlich an der Garderobe anzustellen, um dort ihre Maschinenpistolen gegen numerierte Garderobenmarken einzutauschen. Nein, diese alten Damen sind unerschrocken und nicht unterzukriegen. Ich denke manchmal, daß der russische Sieg über Hitler zu einem Teil diesem beeindruckenden Frauenregiment zuzuschreiben ist.

Die Strenge ist jedoch nur eine Maske, die sich Hochachtung und Liebe angelegt haben. Als wir Dostojewskis Arbeitszimmer besichtigten, bemerkte ich, daß man auf seinem Schreibtisch sogar einen kleinen Zettel da liegengelassen hatte, wo seine Tochter ihn hinterlegt hatte. Auf ihm war zu lesen: »Papa, ich liebe Dich, Ljuba.« Die Uhr auf dem Kaminsims war in der Minute seines Todes angehalten worden. Man hatte nichts verändert. Als wir eintraten, sagte ich zu den alten Damen: »Kommen Sie doch bitte nicht herein, solange wir bei der Arbeit sind, denn das lenkt nur ab, und dann müssen wir noch einmal von vorne beginnen.« Als ich aber gerade erst halb durch meinen Text durch war, wurde die knarrende Tür ganz langsam geöffnet, und herein kam eine der alten Damen mit einem Glas Tee – das war aber nicht für mich, sondern für Dostojewski. Sie setzte das Glas mit dem heißen, dampfenden Getränk auf den Schreibtisch und nahm das Glas vom gestrigen Tage wieder mit, in dem der Tee kalt geworden und mit einer feinen Staubschicht bedeckt war. Ihr Betragen war diskret, gleichzeitig aber auch herausfordernd, und als sie wieder hinausging, meinte ich, auf ihrem Gesicht einen Ausdruck des reinen Triumphes entdecken zu können.

Das ist so die Art von Schwierigkeiten, mit denen man leicht zu tun bekommt, wenn man in die russische Geschichte eindringt.

In der kleinen, südlichen Stadt Taganrog am Asowschen Meer erwartete uns ein anderer streng wachender Geist, diesmal im Flur von Tschechows Haus. Sie hielt in ihrer Hand einen langen gläsernen Zeigestock, eine Waffe, die sie drohend schwang wie Don Quichotte die seine im Angesicht der Windmühle. Das Haus war klein und die Zimmer eng. Die alte Dame war gebrechlich und ihr Augenlicht nicht mehr allzu gut, weshalb es einer beträchtlichen Wendigkeit bedurfte, um ihrem hin und her geschwungenen Glasstab auszuweichen.

In dem kleinen Ort gab es nicht nur diese eine, Tschechow gewidmete Gedenkstätte. In einem Teil der Schule, die er als Knabe besucht hatte, war eine Dauerausstellung eingerichtet worden. Dort hingen in einer Glasvitrine sein Anzug, sein Hut, seine Fliege, sein Spazierstock. Es war, als lägen alle diese Dinge für ihn bereit, auf daß er jederzeit aus der Tür treten könne. Dann gibt es ein Theater in der Stadt, das älteste und

Tschechows Hut, Jacke, Fliege und Spazierstock werden in seiner alten Schule in Taganrog hinter Glas verwahrt.

Ustinovs Rußland

größte Theater Südrußlands – dort werden ausschließlich Stücke von Tschechow oder dramatische Bearbeitungen seiner Erzählungen aufgeführt. Von diesem Ort ging ein sanftes Strahlen aus, und ich sagte unseren Gastgebern, daß es warm sei im Schatten Tschechows.

Taganrog ist das Tschechow geweihte Heiligtum. Aber der Ort ist keine tote und kalte Gedenkstätte. Die ganze Stadt ist eine lebendige Feier eines großen Künstlers und, was vielleicht noch wichtiger ist, eine fortdauernde Förderung seiner Kunst. Da gibt es den Lebensmittelladen der Tschechows, der Tee, Zucker und Mehl für den alltäglichen Bedarf bereithält, aber auch die kleinen, aus Paris oder London importierten Luxusgüter, die der Landadel in Tschechows jungen Jahren so überaus hoch schätzte. Und da sind die Eintragungen in den Geschäftsbüchern, die von Anton selbst stammen und eindrücklich belegen, daß die häufige Abwesenheit des Vaters den jungen Dramatiker zwang, sich um den Laden zu kümmern. Im Wohnzimmer im Obergeschoß versuchte sich Tschechow erstmals als Bühnenautor. Heute spielt ein kleines Ensemble zweimal wöchentlich in dem Geschäft, und es wird in dem kleinen Raum so eng, daß manchmal die Zahl der Schauspieler die der Zuschauer übertrifft.

Ich sah dort die Aufführung der Bühnenbearbeitung einer Kurzgeschichte von Tschechow. Es ist die Geschichte einer Frau, die sich vor ihrem Mann, der sie verfolgte, in ein Gasthaus geflüchtet hat – das Stück erzählt nun, was ihr widerfährt, bevor der Mann eintrifft. Es waren vielleicht acht Zuschauer da und zwölf Schauspieler. Das Spiel war so intim, als gehörten wir alle allein aufgrund der Tatsache, daß wir uns dort in dem Laden befanden, zum Ensemble dazu. Das war für mich eine ganz neue Theatererfahrung; ich bin dieses Ineinanderübergehen von Kunst und Wirklichkeit nicht gewöhnt. Plötzlich saß da eine angetrunkene Dame fast schon auf meinem Schoß. Diese Integration in das Schauspiel war also, wenngleich höchst interessant, auch nicht ganz frei von Anlässen zur Besorgnis, zumal es sich um Darsteller handelte, die sich voll und ganz dem Realismus verschrieben hatten.

Es gibt keinen Menschen in der Geschichte, der sich dem Realismus so sehr verschrieben hatte wie Peter der Große, ein typischer Vertreter seines Volkes und doch auch eine Ausnahmeerscheinung. Er war deshalb so außergewöhnlich, weil er nicht nur Zar, sondern zudem auch noch knapp zwei Meter zehn groß war. Typisch an ihm waren seine abrupten Stimmungsumschwünge und seine erschreckende Exzentrizität. Niemand kämpfte energischer mit der lethargischen Riesenmasse Rußlands als er, niemand scheiterte aber auch ruhmvoller in diesem Kampf. Ich begleitete ihn auf einem

Mit Schnee bedeckt, sieht das Holzhaus auf dem Bild unten aus, als stamme es aus einem Märchen. Es ist aus Holzbalken gebaut und hat sehr kunstvoll geschnitzte und bemalte Fenstereinfassungen. Als immer mehr Kirchen und Paläste aus Stein gebaut wurden, versahen die Tischler und Zimmerleute eben ihre eigenen Häuser mit reichem Zierat.

kurzen Verdauungsspaziergang von einer Meile an Deck seiner Fregatte, wobei er ausschritt und ich rannte.

»He, Majestät, haltet doch mal einem Augenblick an. Ich muß ja so rennen, um mit Euch Schritt halten zu können.«

»Also, du siehst doch, wie eilig ich es habe. So viel zu tun, so wenig Zeit.«

»Aber ich hab' nur die Hälfte dessen mitbekommen, was Ihr mir erzählt habt.«

»Du mußt lernen, beim Laufen zuzuhören. Im übrigen zählt doch nur, was die Leute tun, nicht, was sie sagen. Das ist ja das Problem mit Rußland, die Leute reden nur und tun nichts. Schlimmer noch, sie reden, um nichts tun zu müssen. Bevor ich tätig wurde, glaubten die Bojaren, diese sogenannten großen Männer, daß es ausreiche, einen Bart zu tragen, um Herrschaft auszuüben. Und die Leute waren so daran gewöhnt, Bärte als Zeichen der Weisheit anzusehen. Nun, ein paar Schnitte mit der Schere, und ab waren die Bärte. Und wo war da plötzlich die Weisheit geblieben? Ein kleines Häuflein Haare auf dem Fußboden sieht nicht gerade eben nach Weisheit aus, nicht wahr? Plötzlich waren alle schwachen Kinnpartien des Reiches entblößt!«

»Ihr habt doch auch Zähne gezogen, oder?«

»Ja, ich habe Zähne gezogen. Und was die Zahnmedizin anbelangt, so sage ich dir folgendes: Wenn der Patient schreit, dann machst du's richtig. Manchmal mußte ich wirklich so gut wie alles selber machen.«

»Ihr müßt ein volles Programm haben!«

»Das Leben ist kurz. Aber ich beklage mich nicht. Ich studierte die Schiffahrt, erlernte den Schiffsbau und wurde Seemann. Jeder hat das Zeug dazu, mehr zu werden, als er ist. Ich würde einen hervorragenden Kirchenmann abgeben, wenn ich die Zeit dazu hätte. Wenn ich auf eine Frage stoße, dann muß ich die Antwort wissen. Tatsachen sind wichtig. Deshalb hasse ich Bärte so. Sie verbergen Tatsachen, wachsen halt nur so wie Kohlköpfe oder Unkraut. Viele Bojaren haben Bärte im Kopf, und die sind noch schlimmer als solche am Kinn. Schneid sie ab. Sorg dafür, daß etwas geschieht. So sollte ein Zar handeln. Aber ich hab' mit Rußland zu tun, Gott steh' mir bei.«

4
Dahintreibend in einem riesenhaften Lande

Das Zimmer war spärlich beleuchtet. Schmutzschlieren überzogen die Scheiben der hohen, eleganten Fenster. Licht, das gebrochen weißliche Licht eines nördlichen Winters bedeutete eine Störung, die es mittels langer, schwerer roter Vorhänge, die in Falten bis auf den Fußboden hinabhingen, abzuwehren galt. Die Möblierung war von jener überladenen, schweren, knubbeligen Art, zu der vergoldetes Holz und eine harte Polsterung gehören; ein Tisch, den zwei Männer allein nicht hätten bewegen können, und ein Spiegel, der einem zeigte, wie man aussah, wenn man in Schwierigkeiten war. Die Messinguhr auf dem Kaminsims ging mehr als eine Stunde nach, kämpfte mit müdem Ticken gegen das Vorrücken der Zeit an. Auf dem schönen Schreibtisch stand ein Tintenfaß, das die Form eines Bären hatte. Der Bär saß auf einem Holzklotz und hielt eine Pranke ausgestreckt, die man zur Seite schob, wollte man an die Tinte in dem Holzklotz gelangen. Das Schreibgerät war ein Federkiel, den man aber als Zugeständnis an die Moderne mit einer goldenen Schreibfeder versehen hatte. An den Wänden hingen Landschaftsgemälde längst vergessener Künstler. Landschaften mit heimwärts ziehenden Kühen und mit Hirschen, die sich in modrigen Waldteichen spiegeln. Das sind Bilder, die man aus dem Augenwinkel anschaut und hinnimmt, die man aber niemals betrachtet. Ein Flügel war auch da, mit angegilbten Zähnen, von

Ustinovs Rußland

denen die Hälfte den Widerhall ferner Masurken hervorrief, eine Beschwörung vergangener Zeiten, verzweifelt verstimmt.

Ich befand mich in einem russischen Hotelzimmer. Ich trieb dahin in dem riesenhaften Lande. Flugzeuge, Züge, Schiffe. In einem Land, das so groß ist wie Rußland, werden alle Verkehrsmittel eingespannt und sehr intensiv genutzt. Das wichtigste Verbindungsglied aber ist, wie in jedem modernen Land, die Straße, genauer gesagt eine verwirrende Vielzahl verschiedenster Varianten von Straßen, von der städteverbindenden Rennstrecke einer supermodernen Autobahn bis zum grasbewachsenen Pfad eines weit entfernt liegenden Kollektivs.

Die Straßen waren im großen und ganzen gut, vor allem die wichtigen Verkehrsadern zwischen den großen Städten. Das war angesichts der Größe des Landes, der damit verbundenen Isolation und der großen klimatischen Gegensätze überraschend.

Für die Fahrt von Moskau zum Hause Tolstois in Jasnaja Poljana braucht man bei gutem Wetter fünf Stunden; etwas weniger braucht man bei Glatteis und mit einem russischen Fahrer, der seinen Kopiloten während der ganzen Fahrt wortreich unterhält. Das ist einer der beunruhigendsten Aspekte des sowjetischen Verkehrswesens.

Für diese Spritztour stand uns ein Wagen der Marke »Tschaika« (deutsch: »Seemöwe«) zur Verfügung, eine massige Maschine, die zum Teil mit Hilfe von Preßformen gebaut ist, welche von der inzwischen nicht mehr existierenden amerikanischen Pakkard Company stammen. Die Türen schließen wie die der Panzerschränke von Fort Knox mit einem entschiedenen, endgültigen Geräusch; die Sitze — manchmal mit Spitzendeckchen oder Sesselschonern verziert — sind breit und geben keinerlei Halt. Das Armaturenbrett ist reichlich versehen mit jener Art von Motiven, wie man sie nahe der Spitze des Empire State Building findet:

Dahintreibend in einem riesenhaften Lande

Spuren dahinjagender Wolken und Muster aus Sonnenstrahlen, große rote Lampen glühen unruhig unter Blenden aus Bakelit, die Instrumente sind in kleine Ausbrüche aus Chrom eingelassen. In kleinen blauen Vasen aus geschliffenem Glas stecken Bündel toter Blumen, während die in schmutzigen Schuhen steckenden Füße zum Trocknen auf abgewetzten Stückchen türkischer oder kaukasischer Teppiche ruhen.

Die Fahrer dieser mobilen Monumente sind so erfahren in deren Handhabung, daß sie – da gehe ich jede Wette ein – bei jeder Rallye gut abschneiden würden. Daß diese Fahrzeuge immer noch da sind und täglich höchst wirkungsvoll genutzt werden, löst Fragen nach dem Stand der entsprechenden sowjetischen Technologie aus, liefert zugleich aber auch Antworten darauf. Westliche Motorjournalisten fertigen für gewöhnlich neue Modellentwicklungen aus dem Ostblock recht kurz ab und gestehen ihnen nur ein paar Pluspunkte für ihre unbezweifelbare Preiswürdigkeit zu. Natürlich verfügen diese Fahrzeuge aber auch über ebenjene Vorzüge, die die Journalisten am wenigsten beurteilen können. Ich meine ihre Langlebigkeit.

Ein Cousin von mir, der in Leningrad wohnt und bereits die Achtzig überschritten hat, besitzt einen »Pobieda« aus den späten vierziger Jahren, ein mausgraues Fahrzeug, das typisch für die damalige Zeit war. Wenn man sich an den Wagen lehnt, muß man sich hinterher seine Jacke ausbürsten. Er gestand mir, daß er gern einen Mitfahrer dabeihabe, der ihm beim Schalten behilflich sein könne. Er selbst hat noch genügend Kraft, um die Kupplung zu treten, braucht aber Hilfe bei der Betätigung des Schalthebels am Lenkrad. Das vermittelt nicht selten den Eindruck, als sei da ein erbitterter Kampf um das Lenkrad im Gange. Er schätzt diese Methode nicht etwa deshalb so sehr, weil er schwächlich geworden ist, sondern weil er die Wartung des Wagens vollkommen vernachlässigt hat – und das nun schon seit 400 000 Kilometern. Kein Wunder, daß sich die Russen im Krieg lieber auf ihre eigenen ungeschlachten, zähen Panzer verließen als auf all die hochentwickelten, komplizierten Gaben aus dem Westen, in denen so viel mehr drinsteckte, was kaputtgehen konnte und was auch sehr viel schwerer zu reparieren war.

Die russischen Straßen mußten bis vor kurzem mit sehr viel weniger Verkehr fertig werden als die im Westen, und doch sind sie ironischerweise sehr viel großzügiger angelegt. Die Hauptverkehrsadern haben bis zu zehn Fahrspuren, mit einem durchgehenden Grünstreifen in der Mitte. Die inneren Fahrspuren sind für hohe Funktionäre reserviert, aber wo immer ich auch unterwegs war, schien es mir so, als könne jedermann vorübergehend zum hohen Funktionär avancieren, wenn er nur stürmisch und selbstbewußt genug führe.

Ustinovs Rußland

Die Verkehrsregeln für das Wenden auf diesen Autobahnen und andere Arabesken sind strikt und kompliziert. Die Verkehrszeichen sind auf den Straßenbelag aufgemalt, was bedeutet, daß sie im Winter unsichtbar werden. Wenn es schneit, gewinnt der Fahrer den Eindruck, in einem unendlich weiten Raum verlorengegangen zu sein, wobei sein Rückspiegel angefüllt ist mit anderen, ungeduldigen Fahrern, die sich mit den Regeln auskennen.

Agoraphobie heißt die Krankheit der Zeit. Die Atmosphäre in einer europäischen Stadt wie beispielsweise Rom ist klaustrophobisch – dort sprintet man durch einen nicht abreißenden Strom von Fahrzeugen von einem Ort zum anderen. In Moskau dagegen kann man eine ungeheuer breite Autostraße überqueren und dabei das unangenehme Gefühl haben, daß man das einzige Auto, das noch ein paar hundert Meter weit weg ist, anzieht wie ein Magnet. Man ist versucht, zu winken und herumzuspringen wie ein schiffbrüchiger Matrose, der fürchtet, viel zu klein zu sein, um ohne sein Zutun von dem vorüberfahrenden Luxusdampfer bemerkt zu werden.

In Georgien, einer wild entschlossen unabhängigen, hitzköpfigen Republik, sind die Verkehrsregeln sogar noch schwerer verständlich. Da gibt es die Geschichte von dem russischen Autofahrer, der gehorsam an einer roten Ampel anhält, um daraufhin von anderen Fahrern in ausfälliger Manier angehupt zu werden, die ihn überdies mit heiseren Zurufen, Hohngelächter und auf seinen Schwachsinn hindeutenden Gesten bedenken. Sie alle überfahren das rote Licht, ohne auch nur einmal nach rechts oder links zu blicken. Bei der nächsten roten Ampel passiert genau das gleiche. Beim drittenmal zögert der Russe und fährt dann in dem Glauben, es müsse sich um irgendeine lokale Regelung handeln, vorsichtig bei Rot über die Kreuzung.

Augenblicklich ertönt ein ohrendurchbohrender Pfeifton, und der georgische Polizist mit seinem Schnurrbart aus Lackleder winkt den Russen gebieterisch an den Straßenrand.

»Sie haben eine rote Ampel überfahren«, sagt er barsch, zückt sein Büchlein mit den Strafzetteln und fängt an zu schreiben.

»Allerdings«, ruft der erboste Russe.

»Warum?« fragt der Polizist, immer noch schreibend.

»Alle tun das.«

Der Polizist braucht ein Weilchen, um die Registriernummer zu vermerken.

»Sie kennen die Straßenverkehrsordnung?« fragt er sanft.

»Natürlich.«

Der Polizist deutet mit seinem Bleistift auf das Verkehrschaos.

»Die nicht«, erklärt er alsdann.

Auf den Straßen mag es Platz genug geben, aber die Wohnungen sind eng und über-

Die unglaublich breiten Straßen von Gori (oben links) und Wolgograd (oben rechts). Wolgograd, damals Stalingrad, wurde 1943 so gut wie ganz zerstört und inzwischen auf den Hügeln am Wolgaufer neu aufgebaut. Die Stadt erstreckt sich ungefähr 80 Kilometer am Fluß entlang. Wuchtige Steintreppen führen vom Stadtzentrum hinunter zum Fluß (unten links). Von der Schiffsanlegestelle aus (unten rechts) fahren Fährschiffe nach Moskau, Astrachan und Rostow am Don.

Diese riesige, das »Mutterland« darstellende Statue (oben links) auf dem Mamajew-Hügel in Wolgograd ist Teil eines gigantischen Ehrenmals. Das zerschossene Fabrikgebäude (oben rechts) soll ebenfalls an die Schlacht um Stalingrad erinnern. Es diente damals einer militärischen Einheit als Hauptquartier. – Wachwechsel am Ehrenmal von Wolgograd (unten).

Dahintreibend in einem riesenhaften Lande

füllt. Die Krise auf dem Wohnungsmarkt dauert nun schon seit dem Krieg an und wirkt sich belastend auf das Familienleben der Russen aus. Jungvermählte wohnen oftmals mit ihren Eltern und noch lebenden Großeltern zusammen, so daß alle Altersgruppen in unbehaglicher Enge zusammengepfercht sind. Säuglinge schreien, während sich das junge Paar nach ein wenig Privatsphäre sehnt, deren Eltern zu arbeiten versuchen und die Großeltern auf Ruhe und Frieden hoffen.

Die Wohnblocks, die fast unvermeidlich in großer Hast hochgezogen wurden, sind nicht gerade die allerbeste Reklame für das sowjetische Handwerk. Während Traktoren, Autos und Betriebsmittel ewig zu halten scheinen, sieht man den Gebäuden ihr Alter an. Die Fassaden sind schlecht verputzt, Verbindungsstücke passen nicht immer so zusammen, wie sie es sollten. Die Aufzüge rütteln und schütteln und bleiben häufig mit einem bedenklich klingenden Trommelschlag stehen. Die Innenflächen aus Sperrholz sind reich mit Graffiti verziert, was nicht so sehr ein Ausdruck künstlerischer Neigungen, sondern weit eher ein solcher der Ungeduld von Liftbenutzern ist, die auf Erlösung warteten.

Auch wenn die Bedingungen des häuslichen Lebens nicht gerade ideal sein mögen, so gibt es doch auch viele Dinge, die versöhnlich stimmen. Selbst Familien mit äußerst bescheidenem Einkommen haben eine Hütte oder zumindest Baracke auf dem Lande, wo sie sich der Natur und all der Annehmlichkeiten, die die Einsamkeit bietet, erfreuen können. Hier können sie Gemüse und Blumen pflanzen und ihren Beitrag zu der zeitgenössischen Spruchweisheit leisten: »Nichts in den Geschäften, alles auf dem Tisch.«

Westliche Einflüsse verschiedenster Art sind weit verbreitet. Dazu gehören sogar Majoretten. Ich sah mit großem Erstaunen, wie junge litauische Mädchen ihren hochtrabenden amerikanischen Vorbildern bis hin zu dem verrückten Abklatsch militärischer Uniformen nacheiferten. Es war, als kämen diese baltischen Maiden direkt vom Football-Feld der Texas High oder von der Bühne der Radio City Music Hall vor vierzig Jahren. Da waren die glänzenden Schaftstiefel, die sehr kurzen Röcke, die viel Bein zeigen, und die Cowboyhüte, die auf toupierten Frisuren thronen. Ohne Frage durchwalkten die Kiefer der Mädchen den Kaugummi streng im Rhythmus der Musik. Sie stolzierten mit dem gleichen Zahnpastagrinsen und dem gleichen Wackeln ihres Popos daher und schwangen die gleichen Stöcke mit den Zuckerwattespitzen durch die Luft. Nur die Zuschauer waren ein bißchen weniger von Begeisterung hingerissen. Sie klatschten lediglich Beifall.

Der andere sehr spürbare Einfluß sind die Pop-Combos, welche die meisten Re-

Sie sehen den Jugendlichen in London oder New York sehr ähnlich, diese russischen Teenager, die für mich auf einer der Brücken posieren, die über die vielen Kanäle Leningrads führen.

Dahintreibend in einem riesenhaften Lande

staurants für all jene zur Folterkammer machen, die nur etwas essen möchten. Von Konversation kann keine Rede sein, wenn der Geräuschpegel allmählich das Maß des Hysterischen weit übersteigt und die stroboskopischen Lichter ihre Einladung zu einem Nervenleiden hervorstottern. Es ist schwer zu sagen, warum dieser unsinnigste Ausdruck westlichen Hochgefühls der am weitesten verbreitete Exportartikel unserer Lebensart ist. Während unsere Politiker fromme Platitüden über die Freiheit von sich geben, hat sich ein Aspekt dieser Freiheit, nämlich die Schallgrenze durchbrechen und dabei wild herumspringen zu können, bei den jungen Leuten im Ostblock wirklich durchgesetzt.

Ein hübsches junges Mädchen folgte mir in Leningrad auf der Straße und murmelte etwas von Wrangel. Ich konnte einfach nicht begreifen, warum eine fünfzehnjährige Schülerin etwas über Wrangel wissen wollte, über einen weißrussischen General, der in den frühen Tagen der Revolution, also vor etwa siebzig Jahren, maßgeblich an den Kämpfen gegen die Bolschewiki beteiligt gewesen war.

Es stellte sich bei näherem Nachforschen heraus, daß sie mich als einen mit Devisen versehenen Ausländer dafür gewinnen wollte, ihr beim Kauf von Wranglers behilflich zu sein. Und damit waren keineswegs die Anhänger eines verblichenen zaristischen Generals gemeint, sondern Bluejeans.

Die meisten Touristen besuchen Moskau und Leningrad, haben aber weder die Zeit noch auch vielleicht die Lust, in weitere Fernen zu schweifen. Merkwürdigerweise wird das Leben der ganz gewöhnlichen Menschen oft um so normaler und entspannter, je weiter man sich von den Zentren der Macht entfernt. Obgleich der Flugverkehr die Kommunikation revolutioniert hat, stellt die Eisenbahn noch immer eine würdevolle und geruhsame Methode dar, im Land herumzukommen — vor allem bei Nacht, denn die größere Spurbreite erlaubt ein bequemeres Reisen. Im Winter sind die Züge manchmal überheizt, aber dafür ist man schnell dankbar.

Wenn man aus dem Zug steigt, bemerkt man, daß nicht nur der Zwischenraum zwischen Zug und Bahnsteigkante beträchtlich ist, sondern daß es da auch noch das zusätzliche Wagnis gibt, daß ebendiese Bahnsteigkante schräg zu den Schienen hin abfällt. Bei all dem Eis und Schnee ist die Überwindung dieses Hindernisses ohne Hilfe praktisch unmöglich, welche sogar kleine alte Damen zu leisten vermögen, die an diese Bedingungen gewöhnt sind.

Im Nachtzug nach Nowgorod erlebte ich es einmal, daß eine vierschrötige Frau in einer dunkelblauen Uniform den Gang entlanggestapft kam und etwas in die Höhe hielt, was ganz ohne jeden Zweifel eine

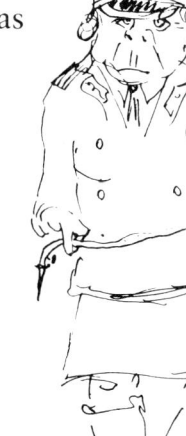

Die Sophien-Kathedrale in Nowgorod (1045–1052) wurde von Großfürst Wladimir, dem Sohn Jaroslaws des Weisen, als Hauptkirche der Stadt und als Krönungskirche des Fürstenhauses erbaut. Das gewaltige Denkmal vor der Kathedrale wurde 1862 während der Regentschaft Alexanders II. zur Feier des tausendjährigen Bestehens Rußlands errichtet. Die 129 Skulpturen auf dem Denkmal zeigen alle großen Helden der russischen Geschichte.

Dahintreibend in einem riesenhaften Lande

tropfende Einlaufspritze war. Später sah ich die Spritze in der Toilette hängen. Ich habe den Verdacht, daß sie dazu benutzt wurde, zum Zwecke der Zubereitung von Pulvertee heißes Wasser aus dem Heizungssystem abzusaugen. Vielleicht irre ich mich, aber eigentümlicherweise verspürte ich während der ganzen restlichen Reise keinerlei Bedürfnis mehr, meinen Durst mit Tee zu löschen.

Nowgorod ist, selbst wenn es unter Schnee begraben liegt, eine höchst eindrucksvolle Stadt. Hatte sie nicht schon zu einer Zeit Handel mit dem Westen getrieben, als solches Tun, wenn es ohne Erlaubnis des Zaren erfolgte, ganz automatisch zu einem Todesurteil führte? Nowgorod war tatsächlich eine Hansestadt, die als ein Glied in der großen Handelskette mit Städten wie Hamburg und Lübeck in Verbindung stand und damit Rußlands Tür zum Westen war — lange bevor Peter der Große St. Petersburg als Fenster zum Westen erbaute.

Die Ikonen und Kunstwerke von Nowgorod sind von eindrucksvoller Schönheit, so auch die Sophien-Kathedrale, die ein paar Jahre vor der Eroberung Englands durch die Normannen entstand. Die Mauern des Kreml sind aus dem für diese Gegend typischen roten Backstein gebaut und haben eine warme, leuchtende Farbe, die ganz anders ist als die anderer russischer Kirchen. Im Inneren einer der schönsten Mauertürme befindet sich das vielleicht lauteste Restaurant der Sowjetunion. Die alten Mauern erzitterten vom Stampfen der Füße achtzigjähriger finnischer Touristen, die sich auf der Suche nach der berauschenden Leichtfertigkeit der Jugend befanden.

Kiew, jene andere und noch ältere Stadt, ist am schönsten im Frühling. Die Natur scheint überall an den Straßen und Boulevards Knospen zu treiben, zitternde Blätter werfen Schatten auf die Gehwege, eine leichte Brise weht Blütenblätter hierhin und dorthin. Es herrscht ein allgemeines Glücksgefühl, die Gesichter strahlen im hellen Sonnenlicht, und die Schritte sind leichter geworden in einer freudigen Erregung, wie sie schönes Wetter nach trüben Tagen mit sich bringt.

Die Landschaft ist gleichzeitig majestätisch und intim; Hecken, schattige Wege, Pfützen, um die herum fette Gänse zischen wie kleine Spielzeugdampfmaschinen, endloses Grunzen der Schweine und ihrer Ferkel, sauberes Leinen, sommersprossige Gesichter und lose Strähnen goldenen Haares, die die Sonnenstrahlen einfangen.

Es ist dieser maßvolle Reichtum der Natur, der die Tragödie von Tschernobyl so bitter macht. Vergiftete Ernten, meilenweit Obstgärten, in denen ungenießbare Früchte verrotten. Leere Häuser mit Türen, die in den Angeln quietschen. Ungegessene Mahlzeiten auf den Tischen. Die verseuchte

Ustinovs Rußland

Erde. Die Gelassenheit des Himmels und das Grün des Grases verspotten die unheilvolle Torheit des Menschen. Der Frühling hielt sich an die Verabredung, wie üblich. Nicht aber der Mensch.

Am Palmsonntag (oder Schilfsonntag, wie ihn die Russen nennen) warteten wir vor der Kathedrale von Kiew auf die Ankunft des Erzbischofs. Es war ein wunderschöner Tag, und plötzlich lächelten meine Frau und ich uns mit dem Gefühl reinster Liebe an. Das war so einer von diesen ganz besonderen Augenblicken. Da trat eine alte Dame aus der Menge hervor und sagte zu meiner Frau: »Hier lächelt man nicht.« Als sie eine Kirche in Moskau besuchte und sich auf katholische Weise bekreuzigte, wurde ihr wiederum eine Rüge erteilt, diesmal von einem alten Mann: »Nicht so! Wissen Sie das nicht? Hier schlagen wir das Kreuz von rechts nach links.«

Daß die Religion in einem marxistischen Land überlebt hat, ist nicht eigentlich ungewöhnlich, wenn man bedenkt, wie stark sich Rußland seiner Vergangenheit verbunden fühlt. Als ich von einem der umliegenden Berge auf die uralte georgische Stadt Tbilissi (Tiflis) hinabblickte, sah ich Moscheen und Kirchen aller Glaubensrichtungen auf engstem Raume beieinanderstehen, alle geöffnet und genutzt. Der Funktionär in meiner Begleitung war Kommunist und Ungläubiger. »Lassen Sie mich bloß mit dem alten Zeug in Ruhe«, sagte er. »Alles Blödsinn. Ich versteh' nichts davon und will's auch gar nicht wissen.« Ich aber fuhr in meinen müßigen Spekulationen fort. Eine georgische und eine armenische Kirche standen fast Seite an Seite nebeneinander. Welcher Unterschied bestand zwischen ihnen? Sprache und Alphabet waren anders, wie aber unterschied sich ihr Glaube? Plötzlich wandte sich mein atheistischer Begleiter zu mir um. »Ich werde Ihnen sagen, was der Unterschied ist. Die eine Kirche glaubt an die unbefleckte Empfängnis der Jungfrau und die andere nicht. Die einen bekreuzigen sich mit drei Fingern von links nach rechts, die anderen mit zwei Fingern von rechts nach links. Sonst noch irgendwelche Fragen?«

Wie immer die Haltung der sowjetischen Staatsmacht auch sein möge – die Religion, das Erinnern und nicht zuletzt auch der Aberglaube sind in der russischen Imagination unauflöslich miteinander verflochten. Jener brave, ungläubige georgische Funktionär war auch dabei, als der Dichter Jewtuschenko und ich die letzte Ruhestätte von Boris Pasternak besuchten. Sehr feierlich nahm der Georgier ein wenig Wein und besprenkelte damit ehrfurchtsvoll das Grab, entsprach das doch einem alten Brauch und galt als Zeichen der Ehrerbietung gegenüber dem Schatten eines dahingegangenen, vortrefflichen Schriftstellers. Jewtuschenko ist zwar ganz und gar ein

Mit meiner Frau Hélène auf den Stufen der Kiewer Kathedrale. Es ist Schilfsonntag, der im Westen als Palmsonntag begangen wird.

Zusammen mit dem Dichter Jewtuschenko besuchte ich Haus und Grab von Boris Pasternak. Der Autor des Doktor Schiwago wohnte in dem kleinen Dorf Peredelkino, einen traditionellen Wohnort von Dichtern und Schriftstellern. Pasternak starb hier im Jahr 1960 und wurde auf dem Dorffriedhof zur letzten Ruhe gebettet.

Dahintreibend in einem riesenhaften Lande

Mensch dieser Zeit, zugleich aber aufs engste vertraut mit alten Zeremonien, Bräuchen, Sitten und abergläubischen Vorstellungen. Er wohnt in dem Dorf Peredelkino, in dem sich auch Pasternak niedergelassen hatte – es ist ein Ort der Schriftsteller und Künstler. Jewtuschenko führte mich zur Dorfkirche, wo gerade ein Gottesdienst stattfand. In einer orthodoxen Kirche ist die Gemeinde immer ein wenig mehr in Bewegung als in einer katholischen oder protestantischen, weil es keine Bänke gibt. Wir beobachteten alte Leute, die in ihrem religiösen Eifer selbst die Steine des Kirchenbaus küßten. Auch Jewtuschenko war erregt. Er eilte an meine Seite und wollte die Vornamen und Vatersnamen meiner verstorbenen Eltern wissen. Ich mußte einen Augenblick nachdenken, kam diese wundersame Bitte doch einigermaßen überraschend. Dann schrieb er die Namen auf ein Stück Papier, verschwand in den hinteren Regionen der Kirche und tauchte mit zwei kleinen harten Kuchen wieder auf. Diese waren vom Dorfgeistlichen gesegnet worden, wodurch sie einen bedeutungsvollen Bezug zum Andenken an meine Eltern bekommen hatten. Wenn ich sie am folgenden Morgen auf nüchternen Magen äße, dann würden bestimmte Fürbitten, deren Inhalt mir nicht so ganz klar war, in der jenseitigen Welt in Erfüllung gehen.

Aus Achtung vor den Wünschen des großen Dichters erwachte ich am nächsten Morgen sehr früh in meinem Hotel und besah mir die Kuchen, die inzwischen so hart wie Stein waren. Zweifelsohne wurde der Verlust von ein paar Zähnen als wesentlicher Bestandteil des Opfers angesehen. Plötzlich ging mir aber durch den Kopf, daß es mir meine Eltern, wo immer sie sich auch befinden mochten, sicherlich verzeihen würden, wenn ich zu dem Schluß käme, daß der Verlust wertvoller Zähne unmöglich Vorbedingung des Gedenkens an sie sein könne. Und so begnügte ich mich mit einem Augenblick der Meditation, während dessen ich mir meine Eltern vorstellte, wie sie über all dies herzlich lachten – und ich lächelte, als ich die felsartigen Kuchen in den Papierkorb fallen ließ.

Ich bin bereits kurz auf die sowjetischen Hotels zu sprechen gekommen, die in allen Spielarten vom Altehrwürdigen über den unruhigen gotischen Stil der Stalinära bis zum Ultramodernen vertreten sind. Die Tradition wird sehr gut von Hotels wie dem »National« und dem »Metropol« in Moskau oder vom »Astoria« und »Europëiskaja Gostinnitsa« in Leningrad repräsentiert. Vor ein paar Jahren noch bekam man dort Zimmerschlüssel mit Metallscheiben daran, die groß wie Teller waren – es war ebenso unmöglich, sie aus Versehen mitzunehmen, wie es auch unmöglich war, sie in die Tasche zu stecken. Auf der Scheibe war die Zimmernummer eingraviert,

Tbilissi (Tiflis), die Hauptstadt Georgiens (oben links), gehört zu den ältesten Städten der Welt. Heute ist es eine blühende Industriestadt. – Die Residenz des Erzbischofs (oben rechts) liegt in der Altstadt. – Der Obst- und Gemüsemarkt ist einer von fünf großen Märkten, die es in Tbilissi gibt.

Dahintreibend in einem riesenhaften Lande

und dazu — schwach erkennbar — um den Rand herum der Name des Hotels: »Grand Hotel de L'Europe, St. Petersbourg«. Das waren noch Zeiten — oder besser: »Ah, c'était la Belle Epoque!«

Abgesehen von vereinzelten Exemplaren wie etwa dem riesigen »Moskwa« oder dem »Rossija«, findet man solche bewohnbaren Stalin-Mausoleen nur in der Provinz. Die vielen Eingänge sind mit den Himmelsrichtungen der Windrose gekennzeichnet, jeder nur eine kurze Taxifahrt vom nächsten entfernt, und die Suche nach dem Swimmingpool läßt einen leicht in viele Morgen großen Küchen unter Köchen landen, die sich nach Gesellschaft aus der Außenwelt verzehren.

Der modernere Hoteltyp ist kaum erfolgreicher, vor allem was die Badezimmer betrifft. Eine unbedachte Bewegung in der Badewanne, die Teil eines vorgefertigten Bauelements ist, löst Wirkungen aus, die einem auf der Richter-Skala recht hoch einzustufenden Erdbeben ähneln.

Der Elektrizität wird allgemein mißtraut, denn man zieht stets die Stecker der Geräte heraus, wenn man sie nicht benutzt. In einem Hotel, in dem ich übernachtete, war es unmöglich, Kühlschrank und Fernseher gleichzeitig anzuschließen, weshalb es oftmals äußerst schwierige Entscheidungen zu treffen galt. Trank man ein lauwarmes Bier und sah sich das Endspiel im Europapokal an, oder trank man ein gekühltes Bier, starrte in die tote Röhre und stellte sich halt vor, was auf dem Rasen passierte?

Im großen und ganzen lernt man es aber, mit diesen Eigenheiten zu leben, die man am Ende sogar liebgewinnt. Die weiblichen Hausbediensteten, die, verbarrikadiert hinter ihren Tischen, auf jeder Etage sitzen und wie Spionagesatelliten die Benutzer der Fahrstühle beobachten, sind anfangs ziemlich abschreckend, wobei einem das Vorurteil die Art ihrer Aufgaben vorgibt. Nach ein paar Tagen werden sie jedoch zu warmherzigen Ersatzmüttern, die deine Entrüstung teilen, wenn wieder einmal ein elektrisches Gerät die Sicherung durchgehauen hat, und die dir mitten in der Nacht Mineralwasser oder Informationsbroschüren über die Wasserkraftwerke in Aserbeidschan beschaffen.

Wie schon bemerkt, transzendiert das Humane stets das Materielle, wenn man ihm nur Zeit läßt. Wir trafen um zwei Uhr nachts in Wolgograd, dem ehemaligen Stalingrad, ein, nachdem sich der Abflug unseres Flugzeuges in Simferopol auf der Krim verzögert hatte. Unser Wagen erreichte das Hotel wenige Minuten vor drei. Das Restaurantpersonal hatte bis ein Uhr gewartet, dann aber schließen müssen. Nichtsdestoweniger hatte man in der Annahme, daß wir noch nicht zu Abend gegessen hätten, Tee, Suppe und einen Berg von Hors-d'œuvres vorbereitet. Diese vollkommen fremden Menschen erwiesene Freundlichkeit ist typisch für das den Russen eigene Zusammengehörigkeitsgefühl, das sie in Kriegszeiten so gefährlich macht und das einigen der spirituelleren Gebote der kommunistischen Theorie entgegenkommt, die man christlich nennen oder bei ähnlichen Bedingungen an anderen Orten auch mit vielen anderen Namen belegen könnte.

Das allgemeine Maß an Aufrichtigkeit ist mir schon immer extrem hoch vorgekommen – und so auch der Grad der Uneigennützigkeit. In Leningrad suchte ich einmal verzweifelt nach einer im Westen produzierten Rasierseife, die es weder im Hotelladen noch in der Parfümerie auf dem Newski Prospekt gab. Ich bat den Portier, mir ein Taxi zu rufen. Sein Gesicht nahm einen geheimnisvollen Ausdruck an, dann sprach er mit einem Freund. Der Freund gab uns ein Zeichen, ihm zu folgen. Er führte uns nicht etwa zu einem Taxi, sondern zu einem Bus mit etwa fünfzig Sitzen. »Einsteigen«, befahl er.

Meine Frau und ich fragten: »In den Bus hier?«

»Ich hätte eigentlich eine Gruppe von Ungarn. Aber bei denen ist es gestern spät geworden.«

Wir fuhren zu einem riesigen Hotel in den Außenbezirken der Stadt an der Ostsee. Dort hatte man die Rasierseife auch nicht. Es war schon lustig, durch das Fenster des Supermarktes im ersten Stock auf den riesigen roten Bus hinunterzusehen, der nur auf uns zwei wartete.

»Nun?« fragte der Fahrer.

»Kein Glück.«

»Ich hab' eine Idee.«

Er fuhr uns zum Hotel »Leningrad«, das wiederum etwa zwanzig Minuten entfernt lag.

»Was ist mit Ihren Ungarn?« wollte ich unterwegs wissen.

Er machte eine Geste, als schnitte er eine Kehle durch.

Ich sagte: »Vergessen Sie die Rasierseife. Ich kann mir immer welche borgen.«

Keine Antwort. Er fuhr einfach weiter.

Im »Leningrad« fand ich dann, was ich suchte.

Er lächelte befriedigt und fuhr zu unserem Ausgangspunkt zurück, als habe sich der Bus in einen Ferrari verwandelt.

Als wir ankamen, standen keine Ungarn da und warteten. Er atmete erleichtert auf, aber die Erleichterung verkehrte sich in Verdruß, als ich ihm als Entschädigung für seine Mühen anbot, was ein Taxi gekostet haben würde.

»Ich habe Sie doch nicht wegen des Geldes gefahren«, sagte er, »sondern damit Sie Ihre Rasierseife bekommen.«

In der westlichen Presse wird immer viel Wind um die angebliche Korruption in der Sowjetunion gemacht. Irgendein Funktionär in einer der asiatischen Republiken ist

Die große Kathedrale in Jewpatorija (oben) wurde 1892 zum Gedenken an die Toten des Krimkrieges erbaut. Links von ihr sieht man die Moschee der Altstadt (1552–1557). Die Stadt ist heute ein bedeutender Erholungsort für Kinder und ein sehr beliebter Badeort, wo sich die Menschen des milden Klimas erfreuen und gern die Uferpromenade auf und ab bummeln.

dabei erwischt worden, wie er alle Nylonstrümpfe aufgekauft hat, oder es wird gelegentlich sogar mal jemand erschossen, weil er nebenbei riesige Gewinne gemacht hat – aber wir scheinen solche Berichte nie in die gleiche Sparte einzuordnen wie die von den weitaus zahlreicheren dicken Dingern, die auf den offenen Märkten des Westens gang und gäbe sind.

Es ist klar, daß jede Bürokratie, die so groß und kompliziert ist wie die sowjetische, die der menschlichen Natur innewohnende Neigung zum Betrug geradezu provozieren muß. Aber dieser Hang hält in gar keiner Weise einem Vergleich mit den großen Leistungen der Aktienschieber und Unternehmer stand, die Spendengelder waschen und in ihre eigenen unübersichtlichen Taschen lenken. Davon lesen wir täglich und setzen dabei Freiheit mit einer unterschiedslosen Ausnutzung aller sich bietenden Gelegenheiten gleich.

Mit Sicherheit ist der normale Bürger der Sowjetunion bemerkenswert frei von kriminellem Unternehmungsgeist. Die Wahrscheinlichkeit ist sehr gering, daß man überfallen wird, und auch Mord ist keine allzu häufig anzutreffende Problemlösung. Es überrascht deshalb, daß Scheibenwischer oder Badewannenstöpsel nirgends vor Dieben sicher sind. Wenn man also durch den Schnee fährt und dabei die Windschutzscheibe mit einem Putzlumpen frei zu bekommen versucht oder wenn man mit einer in den Abfluß gepreßten Ferse ein Bad nimmt, so ist das vielleicht der geringe Preis, den man an eine Gesellschaft entrichten muß, in der seltener ernsthafte Verbrechen begangen werden.

Flugreisen werden in zunehmendem Maße allen Schichten der Gesellschaft zugänglich. Die Maschinen sind immer voll, und obwohl sie weitgehend nach dem Nützlichkeitsprinzip konzipiert sind, sind sie ganz sicherlich nicht weniger bequem als die auf Regionallinien eingesetzten Flugzeuge anderswo auf der Welt. Die Armlehnen sind verstellbar, und die Rückenlehnen der Sitze kippen nach vorn, wenn diese nicht besetzt sind, so daß es manchmal möglich ist, ein wenig mehr Platz zu schaffen, als eigentlich da ist. Mein Dolmetscher in Rußland ist ein reizender Kerl, größer und untersetzter als ich, mit dem ich schon viel umhergereist bin. Die Aeroflot gab uns beiden, bewegt von einer Mischung aus Humor und Nächstenliebe, oft drei nebeneinanderliegende Sitze, eine Geste, die wir sehr zu schätzen wußten.

Der neue, auf internationalen Strecken eingesetzte sowjetische Airbus ist ein großer Schritt nach vorn und scheint einmal nichts fremden Entwürfen zu verdanken. Man erreicht die Kabine über eine lange Treppe. Es ist, als ob in der Boeing 747 alle Passagiere auf dem oberen Deck säßen. Während des Fluges erscheinen oft Leute oben an

Nach einer Vorstellung von Shakespeares Richard III. *im Georgischen Nationaltheater in Tbilissi überraschten mich die Schauspieler mit einer Party zu Ehren meines 64. Geburtstages (oben). Neben mir sitzt Ramas Tschikwadse, einer der größten Schauspieler Georgiens. – Eine offizielle Weinprobe in Massandra – ein himmelweiter Unterschied zum Hospice de Beaune.*

Ein Stalin-Denkmal im Stalin-Museum von Gori (oben). Das kleine, aus zwei Zimmern bestehende Haus in einem Vorort von Gori (unten) ist Stalins Geburtshaus und heute ein Museum. Es gehörte einem armen Ladenbesitzer, der eines der beiden Zimmer an einen Schuster vermietete, nämlich an Stalins Vater. Die Familie lebte hier bis 1883 in bitterster Armut.

Dahintreibend in einem riesenhaften Lande

dieser grandiosen Treppe, zumeist auf der Suche nach den unauffindbaren Toiletten. Die Sitze sind äußerst bequem, und der Raum zwischen Tischen und Sitzen ist aus Sicht der Korpulenten von wunderbarer Großzügigkeit. Ich brauchte nie meiner sonstigen Gewohnheit zu folgen und einen bestimmten Schlips anzulegen, den ich einmal in Indien während eines Fluges erstanden habe, damit das während eines höchst unbequemen Lunchs herabkleckernde Essen nur zur Vielgestaltigkeit seines Musters beitrage und meine Ungeschicklichkeit der allgemeinen Aufmerksamkeit entzogen sei. Der technische Standard und die Ruhe des Fluges stehen zumindest nicht hinter den andernorts gültigen Maßstäben zurück. Vorbei sind die Tage, da vor dem Start Plastikhüllen verteilt wurden, in die man seinen Füllfederhalter einwickelte – damit einem die Tinte nicht in die Tasche lief, sollte er bei großer Flughöhe lecken.

Die Stadt Gori in Georgien ist die letzte Bastion des Stalinismus. Hier erblickte der in Verruf geratene Baumeister des kommunistischen Mittelalters das Licht der Welt. Die Stätte seiner Geburt ist eine dürftige Hütte – erhoben und zugleich der Lächerlichkeit preisgegeben durch eine Art Mini-Pantheon, das man darüber errichtet hat, um dem schlichten Bauwerk ein gewisses Maß an würdevollem Ernst zu verleihen. Aus der Entfernung betrachtet, sieht es so aus, als ob die neogriechische Schale die Hütte säuge, die sich unter ihr zusammenkauert wie Romulus und Remus im Schatten der mütterlichen Wölfin.

Das einzige noch existierende Stalin-Denkmal steht in der Nähe des Bahnhofs auf einer hohen Säule. Von wo man es auch betrachtet, das Gesicht liegt immer im Schatten – und so sollte es ja schließlich auch sein. Man muß schon den Namen am Fuße der Säule nachlesen, wenn man wissen möchte, wer da verewigt ist.

Georgien ist eine Republik mit ungefähr sechs Millionen sehr lebhaften Einwohnern, einer völlig eigenständigen Kultur, einem Nationaltheater, dessen Stil und Vitalität mit keinem anderen vergleichbar ist, und einer Sprache, die sich für den Ausdruck explosiver Leidenschaften ebenso eignet wie für den einer leisen Zärtlichkeit. Es ist ein Land des Überflusses. Auf den fünf großen, offenen Märkten der Hauptstadt Tbilissi ist von Obst und Blumen bis zu Fleisch und Lebensmitteln alles reichlich vorhanden. Ich habe dort Samen gekauft, die in der Schweiz aufgegangen sind. Man bekommt in der Sowjetunion nicht häufig eine solche Fülle zu Gesicht. Und doch – kehrt man ins Hotel zurück, wird man sogleich wieder ein Opfer des verschwenderischen zentralistischen Systems. Irgendein Beamter, der jeder Nahrungsaufnahme abgeschworen haben muß, scheint je nach

Ustinovs Rußland

Maßgabe dessen, was in Moskau gerade erhältlich ist, die Speisekarte für das ganze Land zusammenzustellen und den vielen verschiedenen Tentakeln der riesigen Intourist-Kette zu diktieren, was die Touristen essen dürfen und was nicht.

Nach dem Besuch des freien Marktes in Tbilissi kehrte ich zum Mittagessen in mein Hotel zurück.

»Was gibt's heute?« fragte ich den Ober.

Man darf der Speisekarte nicht trauen, sie ist ein Phantasieprodukt. In Leningrad fand ich sogar einmal unter der Rubrik *Heute besonders zu empfehlen* das Wort »Brot«.

»Heute«, antwortete der Ober, »gibt es Fisch, und es gibt Fleisch.«

»Ja, und was für Fleisch?«

Er sah mich mit verletztem Erstaunen an. »Fleisch«, sagte er.

Ich schickte ihn also in die Küche, damit er sich nach der Art des Fleisches erkundigte. Er kehrte strahlend zurück.

»Es gibt ein schönes Stück Rindfleisch, und es gibt Schwein.«

Diese Kunde war nicht eben ermutigend. In einer Stadt mit einem so reichhaltigen Angebot erschien es unverzeihlich, daß die Küche des Hotels so dürftig und beschränkt war. Das Essen in Privathäusern war dagegen köstlich – Salate, kalter und warmer Braten, wohlschmeckende Brote, Obst aller Art, alles stilvoll und geschickt in Räumen serviert, die von Blütenduft erfüllt waren. Das machte das freudlose Hotelessen so schwer erträglich.

Die Lieferung und Verteilung von Nahrungsmitteln bereiten offensichtlich in allen russischen Städten Schwierigkeiten. Inzwischen haben einige Märkte aufgemacht, auf denen Bauern und Stadtleute in direkte Verbindung miteinander treten können, was wesentlich dazu beigetragen hat, die Engpässe zu beseitigen. Die Staatsplaner geben sich aber noch nicht geschlagen und fahren fort, teuflische Knoten in die langen bürokratischen Schnüre des zentralisierten Verteilersystems zu machen. Fragen Sie mal nach Eiern in dem dafür zuständigen Laden!

»Heute nicht. Versuchen Sie's doch mal um die Ecke, in der übernächsten Straße.«

»Nein, nein, da waren wir schon. Da gibt's auch keine.«

»Die haben auch keine Eier? Hm, dann weiß ich auch nicht, was ich Ihnen raten soll. Vielleicht sollten Sie den Zug nehmen und mal raus aufs Land fahren...«

Und das tut man dann – und siehe da, keine zwei Meilen vor den Toren der Stadt, dort auf dem Bahnsteig der ländlichen Station, steht eine alte Frau mit Hunderten von Eiern, die sie nicht loswerden kann.

Man hat keinen Sinn für den Vertrieb, keine Idee, wie man es schaffen könnte, daß Handelswaren alle Menschen gleichmäßig erreichen. Ich war in Restaurants,

Nowosibirsk heißt die neue Stadt Sibiriens (oben). Während des letzten Krieges wurden Industriebetriebe, die sich in Frontnähe befanden, abgebaut und hierher verlegt. Das führte dazu, daß die Industrieproduktion der Stadt auf das Fünffache anstieg – ein Wachstum, das sich seit 1945 fortgesetzt hat. Besucher Sibiriens überrascht der Anblick von Klimaanlagen (unten), aber es wird hier im Sommer so heiß, wie es im Winter kalt wird.

Die Clowns übernehmen in der Arena des Moskauer Zirkus das Zepter.

Dahintreibend in einem riesenhaften Lande

denen das Bier oder der Wein ausgegangen war – aber draußen auf der Straße gab es einen Stand, der diese Getränke verkaufte. Manchmal muß man dann den Ober herbeirufen und auf die Tür zeigen – dann geht er und holt das Gewünschte.

Es herrscht in der Sowjetunion eine merkwürdige Unfähigkeit, vorhandene Möglichkeiten sinnvoll zu nutzen, und man kann durchaus nachvollziehen, welchen Problemen sich Gorbatschow und seine Mitreformer konfrontiert sehen. Eines jener Menschenrechte, die den Sowjets sehr am Herzen liegen, ist das Recht auf Arbeit, wobei man davon ausgeht, daß die Arbeit eine Voraussetzung für die Erhaltung der Menschenwürde ist. Wenn man die bei uns herrschende, massive Arbeitslosigkeit und die sie begleitende menschliche Erniedrigung bedenkt, dann kann man nicht umhin zuzugestehen, daß die Sowjets, wie sehr auch immer man mit bestimmten Vorstellungen hadern mag, die sie von den Menschenrechten haben, hier einen Punkt vorn liegen, und das berechtigterweise.

Und doch lassen sich auch hier Diskrepanzen zwischen Theorie und Praxis nicht übersehen.

Ich erinnere mich, daß ich einmal einen athletischen jungen Mann sah, der damit beschäftigt war, mit einem angespitzten Stock in einem Park das Herbstlaub aufzuspießen – und durch den Gitterzaun hindurch konnte man gleichzeitig drei stämmige Großmütter beobachten, die Schwierigkeiten hatten, eine Dampfwalze in Gang zu setzen.

Theorien sollten aus der praktischen Anwendbarkeit entwickelt werden, denn eine solche kann sich schlichtweg niemals aus der Theorie ergeben. Wollen Sie Beweise?

Die drei für meinen Geschmack hervorragenden russischen Restaurants, die gekreuzte Gabeln oder Sterne in jedem Führer verdient hätten, haben eines gemeinsam, nämlich die Unabhängigkeit von Intourist und dem Diktat irgendeines weit entfernten gastronomischen Puritaners. An erster Stelle steht die »Alte Festung« (»Staraja Krepust«) in Taganrog, dem Geburtsort Tschechows am Asowschen Meer. Dort ist der Fisch dem Schicksal entgangen, das andere Dinge ereilt hat – er ist nicht zentralisiert, frisch und mit einer Kohlfüllung versehen von einem brillanten Koch, der uns ein wirklich großes kulinarisches Erlebnis schenkte.

Das zweite Restaurant ist das »Ukraine« in Jewpatorija auf der Krim. Das ist eine angenehme Stadt mit endlosen Sandstränden, heute ein bedeutender Erholungsort für Kinder. Die Straßenbahnen sind alle mit den sowjetischen Entsprechungen der Figuren Walt Disneys bemalt, und über dem ganzen Ort bis hinunter zu den eigenartigen Salzwasser-Schwänen liegt eine wohltuende Atmosphäre märchenhafter Unwahrscheinlichkeit. Die Schwäne treiben in der Nähe des Hafens auf dem Wasser und fangen Fische, wobei sich ihr Vorgehen ganz und gar von dem jener würdevollen Vögel unterscheidet, die auf Seen dahinschwimmen und in der Vergangenheit Balletttänzer zu geschmackvollen Darbietungen inspiriert haben. Es ist nur recht und billig, daß angesichts dieser Märchenwelt das »Ukraine« nicht nur vorzügliches Essen bietet, sondern auch das beste Karameleis, das je geschaffen wurde.

Das dritte Restaurant schließlich befindet sich in der Märtyrerstadt Wolgograd. Es hat zwei Vorzüge, nämlich frischen, sehr gut zubereiteten Fisch aus der Wolga und anstelle einer Band mit ihren jaulenden Störungen und ihrem rhythmischen Krach ein Piano ohne Verstärker, auf dem dezent musiziert wird. Es heißt »Neptun« — als Name für ein auf Süßwasserfisch spezialisiertes Restaurant ebenso befremdlich wie die Schwäne auf dem salzigen Meer.

Es ist klar, daß kleine Länder leichter zu regieren sind als größere. Vor dem Ersten Weltkrieg gehörte Finnland noch zu Rußland, das es ja den Schweden abgenommen hatte. Das heutige Finnland wirkt, vergleicht man es mit dem weitläufigen Warenlager der Sowjetunion, wie ein aufgeräumtes Zimmer. Das gilt auch für die kleinen Republiken wie Lettland, Litauen und Estland oder für die Gruppe der Republiken im Süden, also Armenien, Georgien und Aserbeidschan, oder die weiter östlich gelegenen wie Kasachstan, Usbekistan und Kirgisien und nicht zuletzt für die verschiedenen autonomen Gebiete. Vor allem sprechen sie alle ihre eigene Sprache, die die Russen normalerweise nicht beherrschen. Und dann sind ihre Lebensgewohnheiten, Probleme und Religionen andere.

In Litauen beispielsweise mag es ja etliche Lenin-Standbilder geben — aber die katholischen Kirchen sind wie in Polen Sonntag für Sonntag voll. Über Georgien haben wir ja schon gesprochen, und auch auf der Krim, heute integraler Bestandteil der Ukraine und ein russischsprachiges Gebiet, gibt es dank der Tatsache, daß es sich um eine Insel handelt, ein Gefühl des Zusammenhalts und der eigenen Identität. Aber in der Weite Zentralrußlands und in der noch viel unvorstellbareren Ausdehnung Sibiriens verfließen die Farben des Lebens eher, laufen ineinander und verlieren ihre Klarheit wie die Farben eines Aquarells.

Sibirien hat dank der Medien einen schlechten Ruf. Dostojewski, Solschenyzin und unendlich viele andere tragische Gestalten sind in seinen Nebeln verschwunden. In unserer Vorstellung besteht es aus einer Reihe von Gulags, die in einem mörderischen Klima, Meilen von irgendeinem Ort und voneinander entfernt eingerichtet worden sind. Seine Musik ist das Ächzen

Eine der sonderbareren Sehenswürdigkeiten von Jewpatorija war diese Gruppe seefahrender Schwäne (oben). – Die leuchtendbunten Straßenbahnzüge des Ortes sind mit Comicfiguren bemalt.

Der Khans-Palast in Bakschisarai nordwestlich von Jalta dient heute als Historisches und Archäologisches Museum. Bakschisarai war die alte Hauptstadt der tatarischen Khane. Der Palast aus dem 15. Jahrhundert wurde zerstört und dann von Katharina der Großen 1787 wiederaufgebaut. — Das Bild unten zeigt die Moschee von Tbilissi.

Dahintreibend in einem riesenhaften Lande

der Winde und das Chorgeheul der Wölfe. Und doch – auch Großbritannien hatte sein Sibirien, und das vor noch nicht einhundertfünfzig Jahren. Man sehe es sich heute an – es heißt Australien.

Wenn es zutrifft, daß sich im Bereich der menschlichen Erfindungsgabe und der industriellen Auswertung ihrer Hervorbringungen der Schwerpunkt allmählich vom Atlantik zum Pazifik verlagert und daß das müde gewordene alte Europa und die Ostküste der Vereinigten Staaten ihre Vormachtstellung bei lebenswichtigen Technologien einbüßen, sie an die amerikanische Westküste, an Japan, China, Südkorea, Taiwan, Hongkong, Singapur und andere industrialisierte Regionen mit außergewöhnlichen Möglichkeiten und/oder billigen Arbeitskräften abtreten müssen – dann trifft auch zu, daß ein Sog spürbar wird, der den russischen Schwerpunkt nach Osten zum Pazifik hinzieht.

Sibirien ist gleichermaßen beständige Versuchung und dauernde Herausforderung. Es ist ungeheuer reich, aber dieser Reichtum hat auch etwas Aufreizendes an sich, denn mehr als die Hälfte der Landmasse ist dem Permafrost ausgesetzt. Das bedeutet, daß im Sommer nur die oberste Schicht des Bodens auftaut, er darunter gefroren bleibt. Und doch kann es während des Sommers sehr heiß werden, und verschiedene Stechmückenarten können einem das Leben zur Qual machen. Die Strände der stolzen Ströme sind voller bikinitragender Gestalten und junger Leute, die sich anstrengenden Spielen mit Ball und Schläger hingeben.

Die Menschen lächeln gern. Musiker behaupten, sie seien die besten Zuhörer, die es gebe, Schauspieler sind der Ansicht, sie seien das beste Publikum. Das ist doch ganz klar. Wie die Bewohner Islands, so sind auch diejenigen Sibiriens völlig unverdorben und versessen darauf, jeder künstlerischen Darbietung beizuwohnen, für die sie zudem auch noch überschwenglich dankbar sind. Es ist ein Land der tollsten Überraschungen.

In der Nähe von Nowosibirsk, der größten Stadt Sibiriens, gibt es eine künstliche Stadt, die ausschließlich für Wissenschaftler und Wissenschaftlerinnen erbaut worden ist. Sie heißt Akademgorodok, was »akademisches Dörfchen« bedeutet. Halb unter Bäumen versteckt, sieht sie aus wie jede andere moderne Gartenstadt. Wir hofften, dort ein paar Meter Film aufnehmen zu können, waren aber eingedenk des wohlbegründeten sowjetischen Rufes, alles der Geheimhaltung zu unterwerfen, nicht allzu zuversichtlich.

»Da Sie Ausländer sind, nehme ich an, daß Sie am meisten an unserem Atomforschungszentrum interessiert sind«, sagte der für Public Relations zuständige Professor. »Kommen Sie. Wir schlendern da mal rüber und sehen, was sich machen läßt. Es ist schade, daß wir nicht eher von Ihrem Kommen gewußt haben.«

Das Gebäude ist groß und modern, hat aber nichts Revolutionäres an sich. Wir fanden die älteren Mitarbeiter im Konferenzsaal, wo sie entspannt und in Hemdsärmeln um einen riesenhaften Tisch saßen und Kaffee tranken. Akademiemitglied Srinsky, Chef des Forschungszentrums und ein äußerst schüchterner junger Mann, sagte nur wenig. Daß er brillant war, war offenkundig, ebenso aber auch seine Zurückhaltung, das aller Welt kundzutun. Sein Stellvertreter, etwas älter und redseliger, teilte uns alles mit, was mitzuteilen notwendig war.

»Ich weiß auch nicht, warum, aber wenn Architekten für Wissenschaftler bauen, meinen sie immer, wir brauchten Konferenzsäle mit marmornen Wänden und riesigen Tischen. Dabei vergessen wir doch bei einer fesselnden technischen Debatte völlig, wo wir sind, ob bei einem Waldspaziergang, ob nebeneinander auf der Toilette oder ob in der Schlange in der Kantine. Und wenn die Diskussion so richtig interessant und hitzig ist, dann führen wir sie eben an allen drei Orten. Deshalb ist dies hier trotz der Holzskulptur unseres Gründervaters und des riesigen Stuckprofils Lenins einfach zu unserem Pausenraum geworden.«

Das war ein fröhlicher Haufen, diese Männer der Wissenschaft, die uns mit Hilfe schön gemachter Broschüren den kommerziellen Nutzen der Atomkraft erklärten. Dazu gehörten auch exportfähige Techniken, mit denen man die gefährlichen Verunreinigungen beim Weizen beseitigen kann. Die Atomkraft ist ein so paradoxer Gegenstand, daß ich in meinem untechnischen Kopf keine genaue Vorstellung davon habe, was ohne Gefahr machbar ist und was nicht – außer daß mich die Tatsache beeindruckt, wie viele der Menschen, die sich über das Drama von Tschernobyl erregen, gleichzeitig glauben, die gleichen Risiken seien, anders serviert, lebenswichtig für unsere Sicherheit.

Alles, was ich hier wiedergebe, ist weder eine Verteidigung noch eine Verurteilung der Atomkraft, sondern lediglich eine Beschreibung dessen, was ich gesehen und erlebt habe. Wir durften etwa bei einem sehr anspruchsvollen Experiment in einem atomaren Teilchenbeschleuniger einen Laserstrahl in Aktion beobachten. Im Film sah das wie eine riesige blaue Kornea, wie die Hornhaut des Auges aus. Im Gegensatz zum im Westen üblichen Verfahren, die Herstellung von Artikeln an große kommerzielle Unternehmen zu vergeben, haben die Jungs in Akademgorodok ihre eigene Fabrik auf dem Gelände des Forschungszentrums gebaut, wo alle benötigten Dinge als Einzelstücke hergestellt werden können, die handwerklich höchsten Ansprüchen genügen.

Die Weltraumrakete muß warten, bis die Kinder mit ihrem Spiel fertig sind.

Der Kinderhort in Nowosibirsk, wo die kleinen Gärtner tatkräftig das Bewässerungsproblem angehen.

Dahintreibend in einem riesenhaften Lande

Ich hatte das Gefühl, daß im sowjetischen Denken die Beziehung zwischen der reinen Wissenschaft und der Industrie weder klar definiert ist noch in gegenseitiger Abhängigkeit besteht. Es hatte den Anschein, als ob es da zwar Tempel der reinen Wissenschaft von sehr hohem Niveau gebe, die praktische Auswertung der gewonnenen Erkenntnisse aber noch viel zu wünschen übriglasse.

Sei dem, wie es wolle, ich fühlte mich zu einem Hinweis veranlaßt: Sollte sich Hollywood je versucht sehen, sie in einem jener phantastischen Filme auftreten zu lassen, in denen ein Superami die sowjetische Wissenschaft auf eigene Faust um ein Jahrzehnt zurückwirft, dann müßten sie wohl mit einer Umbesetzung ihrer Rollen rechnen, denn sie sähen einfach nicht grimmig genug aus und trügen zudem keine Uniformen. »Nein«, meinte ich, »ihr Leutchen hier seid ja nicht einmal das, was wir aus Moskau gewöhnt sind.«

»Warum, glauben Sie, sind wir wohl hier?« fragte darauf einer der Professoren und grinste von einem Ohr bis zum anderen. »Das Wetter ist manchmal fürchterlich, aber das ist die Sache doch wert. *Alles* ist das, wenn man nur nicht in Moskau sein muß – das heißt, wenn man mit irgend etwas vorankommen will.«

»Fahren Sie gelegentlich auch nach Amerika?« wollte ein anderer Professor wissen, als wir uns verabschiedeten.

Ich bejahte die Frage.

»Ich habe da einen Freund«, sagte er, »der ist Professor in Stanford. Wir sind nicht nur befreundet, weil wir uns schon lange mit dem gleichen wissenschaftlichen Forschungsbereich befassen, sondern eigentlich noch mehr wegen unseres Hobbys; wir züchten nämlich beide Cockerspaniel. Darf ich Sie bitten, ihn bei Ihrem nächsten Aufenthalt da drüben einmal anzurufen und ihm auszurichten, daß Barbara sieben geworfen hat?« Und er schrieb mir die Telefonnummer des Freundes auf.

Wie immer das abschließende Urteil über atomare Fragen ausfallen mag – die Männer, die hier in dieser Industrie arbeiten, sind wie andere Männer anderswo auch, die sich einer bestimmten Disziplin verschrieben haben, nämlich aufgeschlossen und an allem interessiert, was um sie herum in der Entwicklung begriffen ist.

Nicht weit vom Forschungszentrum entfernt liegt einer der vielen Kinderhorte für die Sprößlinge der Eltern, die beide wissenschaftlich tätig sind. Diese Einrichtungen entsprechen in gar keiner Weise dem, was feindselige Propagandisten in ihnen sehen wollen, nämlich das Bestreben der herrschenden Mächte, die Kinder unter ihre Kontrolle zu bringen und die Familien zugunsten jenes geheimnisvollen Bösewichts, der sich Staat nennt, kaputtzu-

machen. Die Kinder werden an jedem Freitagabend von den Eltern abgeholt, bleiben das Wochenende über bei ihnen und kehren erst dann wieder zu ihren Spielkameraden zurück. Da doch Kinder sowohl ihre Eltern als auch das Zusammensein mit anderen Kindern brauchen, ist das Gefühl eines überall vorhandenen Gleichgewichts ebenso wohltuend und beruhigend wie die entspannte Haltung der Kindergärtnerinnen.

Irkutsk ist eine große Stadt, die im frühen 17. Jahrhundert sehr dicht an der Grenze zur Äußeren Mongolei entstand. Historisch denkwürdig ist sie als der Ort, an den einige der Dekabristen verbannt wurden, die 1825 eine Verschwörung gegen Zar Nikolaus I. angezettelt hatten – vor allem Fürst Trubezkoi, dessen junge Frau sich die Bewunderung der Gesellschaft dadurch errang, daß sie ihren Ehemann in sein fernes Exil begleitete. Heute ist Irkutsk eine Industriestadt und eine wichtige Station der Transsibirischen Eisenbahn.

So wie Nowosibirsk, das gelegentlich auch als das Chicago Sibiriens bezeichnet wird, Akademgorodok in seiner unmittelbaren Nachbarschaft hat, so findet sich eine kurze Bootsfahrt von Irkutsk entfernt eine andere Besonderheit Sibiriens.

Der Baikalsee ist ganz sicherlich einer der erstaunlichsten Orte, die auf dieser Erde zu Gesicht zu bekommen man nur hoffen kann. Er ist der tiefste See der Erde, und sein Wasser ist so klar, daß man es mit einem Becher schöpfen und gefahrlos trinken kann. Es ist eiskalt und überaus köstlich. Die Seeufer erinnern an die Schweiz, an Schottland, an Kanada und selbst an die französische Riviera. Milchkaffeebraune Kühe weiden auf Wiesen voller Gänseblümchen, überall stehen hölzerne Landhäuser, und manchmal schwimmen Nebelschwaden in der Luft wie Schlieren auf der kristallenen Klarheit des Wassers.

Auf der Krim sahen wir Salzwasserschwäne – hier gibt es Süßwasserrobben. Wie sie hierhergelangt sind und sich den örtlichen Verhältnissen angepaßt haben, ist nach wie vor ein Rätsel, aber da liegen sie auf den Steinen, fröhliche, backenbärtige, glänzende Geschöpfe, die mit ihren Flossen der Natur um sie herum Beifall klatschen. Es gibt über hundert Arten von Fischen, Säugetieren, Vögeln und Insekten, die nur hier zu finden sind, einschließlich so außerordentlicher Lebewesen wie der sogenannte Ölfisch. Er hat die Größe der Seebarbe, wird trächtig und bringt kleine Fische statt Fischlaich zur Welt. Der See scheint in seinem urzeitlichen Schlamm die Geheimnisse unserer prähistorischen Verbindungen zum Leben zu bergen, und unter seiner unverdorbenen Oberfläche läßt sich wahrscheinlich noch manche Entdeckung machen.

Die Eindrücke, die einem die Sowjetunion vermittelt, sind in ihrer Zahl unendlich,

Vorschule in Sibirien — alles ist hier noch voller bunter Schleifen und Spiele.

Der Baikalsee (oben) ist von Irkutsk aus in zweistündiger Bootsfahrt zu erreichen. Es ist der uralte heilige See der tungusischen Stämme — und der älteste und tiefste See der Welt. — Das Land um den See herum erinnert an Frankreich, die Schweiz, ja an das Herz der Provinz Quebec.

Dahintreibend in einem riesenhaften Lande

und wir haben während unserer kurzen, viermonatigen Reise auf der Suche nach einer qualvollen Vergangenheit und einer an Kontroversen reichen, ungemein interessanten Gegenwart allenfalls die Oberfläche flüchtig berührt.

Im turktatarischen Kirgisien werden eigentümliche Brautwerbungsriten wiederbelebt, bei denen die jungen Burschen die Mädchen verfolgen – alles auf wilden Pferden mit teilweise arabischem Blut, die so schmale Köpfe und irre Augen haben wie die auf den Gemälden von Delacroix und Géricault. Die Mädchen reiten mit Vorgabe los, und es ist das Ziel der Männer, sie bei rasendem Galopp zu küssen. Haben sie Erfolg, so findet die Werbung ein abruptes Ende. Mißlingt der Versuch, müssen sie zum Ausgangspunkt zurück, starten nun ihrerseits mit Vorgabe und werden von den Mädchen verfolgt, die mit langen, grausamen Peitschen bewaffnet sind, um damit ihre trägen Freier zu strafen. Der Vorgang läuft offensichtlich nicht ganz so willkürlich ab, wie es den Anschein hat. Die Mädchen, denen der Sinn nach Heirat steht, lassen sich fangen, während masochistische Männer sowieso nichts taugen.

In diesem Teil der Welt ist die größte Delikatesse eine Pastete, deren Aussehen an ein japanisches Transistorradio erinnert, das von einem Lastwagen überrollt und zerquetscht worden ist, so daß all die kleinen Schaltkreise zu einem flachen braunen Klumpen zusammengepreßt sind. Die Pastete wird, so sagte man mir, aus den Innereien neugeborener Fohlen hergestellt. Das konnte mich kaum überraschen, war ich doch erst kürzlich auf der anderen Seite des Tian-Shan-Gebirges in China gewesen, wo das Feinschmeckergericht der Gegend aus einem wabbelnden Aspik besteht, das längliche, schwarze Gegenstände umschließt, die nach nichts Besonderem schmecken, aber eine schleimige Konsistenz haben. Diese süchtig machende Gaumenfreude bestand aus den Ballen von der Unterseite der Kamelhufe. Als ich den Gouverneur von Gansu, der ärmsten der chinesischen Pro-

vinzen, fragte, was mit dem Rest des Kamels geschehe, machte er eine wegwerfende Handbewegung. »Oh, das is' nich' gutt zum Essen«, meinte er.

Der rote Backstein von Nowgorod, die weiße oder graue Patina der ältesten Kirchen Rußlands, das geschwärzte Holz uralter Häuser, die viktorianische und edwardische Gotik der melancholischen, italienisierten Villen von Jalta, die die Blässe der Kränklichkeit und Dekadenz des Fin de siècle zeigen, die seelenlosen Verwaltungskathedralen des Stalinismus, die pfefferminzgrünen, ockergelben, senffarbenen, tiefblauen Anstriche russischer Häuser in Leningrad oder Moskau, der palladianische Stil der Behördenpaläste in der Provinz, die rundlichen, kleinen, dem Gottesdienst geweihten Stätten mit ihren goldenen oder dunkelblauen, mit Sternen übersäten Zwiebeltürmen, die großartigeren Kirchen mit ihrem verschwenderischen Reichtum, die Bauernhäuser mit kunstvoll geschnitzten Fensterbrettern und Fensterläden – sie alle zeigen einen ausgeprägten nationalen Stil und sind nicht mit Bauwerken irgendwo anders zu verwechseln.

Ein Widerhall davon findet sich in dem romantischen Schwung Tschaikowskis und der gebrochenen musikalischen Prosa Mussorgskis, in den gebrochenen Strahlen Tschechowschen Lichtes und dem scharfen Lichtstrahl Dostojewskis, in der Inbrunst des Gebetes und in den Tiefen der Erniedrigung. Es ist ein Land, in dem man ohne Scheu von der Seele spricht, gibt es doch kein anderes Wort für jenen Kampfplatz, auf dem Unersättlichkeit und Enthaltsamkeit, Gut und Böse, Recht und Unrecht ohne Unterlaß aufeinandertreffen.

Ein abschließendes russisches Sprichwort: »Lobe Gott, aber vergiß auch den Teufel nicht.«

Das ist vielleicht nur ein Streit zwischen alten Freunden, war schließlich der gefallene Engel einstmals doch eben auch ein Engel. Vor seinem Sturz, als alles noch in ein blendendes Weiß getaucht war, vermochte Gott sich selbst nicht zu erkennen. Es bedurfte des Schwarz, um Unterscheidungen treffen und Linien ziehen zu können. Und um das Grau hervorbringen zu können, den einzigen Bereich, in dem menschliche Wesen zu atmen vermögen, unausgesetzt vom Licht versucht wie Motten oder von der Dunkelheit wie Schlangen, jedoch nicht fähig, woanders zu leben als auf diesem Schlachtfeld, auf dem die Persönlichkeit, die Seele, zu Hause ist.

Eine Gruppe von Kindern paradiert vor dem Grabmal des unbekannten Soldaten in Irkutsk (oben). – 1825 schlug die Palastrevolution der Dekabristen, einer Gruppe adliger Revolutionäre, fehl. Die Anführer wurden hingerichtet, andere Teilnehmer nach Sibirien verbannt. Fürst Sergei Trubezkoi lebte in der Verbannung in diesem Haus in Irkutsk (unten).

Die gewaltige Tschechow-Statue (oben) steht im Gagarin-Park in Jalta. Dieser Ort (unten) liegt an der südlichsten Spitze der Krim und ist dank seines milden Klimas und seines geschützt liegenden Strandes ein sehr beliebter Kurort. – Die dramatischen Klippen an der Küste der Krim (rechte Seite unten). – Das »Schwalbennest« (rechte Seite oben) thront in der Nähe von Jalta hoch oben auf den Klippen. Das Schloß wurde 1912 von einem deutschen Ölmagnaten gebaut und beherbergt heute ein Restaurant.

Blick aus der Operationszentrale der Konferenz von Jalta. Der Abakus, wie er auf dem Tisch zu sehen ist, wird auch heute noch in Rußland oft verwendet.

Im Hof des Liwadia-Palastes, der in der Nähe von Jalta gelegenen Sommerresidenz der Zaren (oben). Stalin, Roosevelt und Churchill trafen sich hier im Februar 1945 zur Konferenz von Jalta. Die Karte zeigt die Lage in Europa im Jahr 1945 (unten links). – Ein Blick in den Konferenzsaal aus der Sicht Roosevelts (unten rechts).

5

Eine Ahnung dessen, was sein sollte

Lenin pflegte darauf zu bestehen, daß man aus seinen Fehlern lerne. Das Bild dieses Mannes ist der sowjetischen Gesellschaft aufgeprägt. Es ist ein Gesicht, das man niemals vergißt: die hochgewölbte Stirn des Intellektuellen, der kluge, durchdringende Blick, der etwas Östliches in sich hat, ein halbes Lächeln, das von den Augen nicht wirklich bestätigt wird, das hagere Gesicht, das aggressiv in den kleinen, spitz zulaufenden Bart vorspringt. Da ich ihn auf meinen Reisen durch Rußland überall antraf, war ich entschlossen, ihn in die Reihe meiner Interviewpartner aufzunehmen.

Dieses Ansinnen ließ den hohen Funktionär bei Gostelradio, der staatlichen Fernsehgesellschaft, erbleichen. Nach einer kleinen Weile sagte er: »Herr Ustinov, das ist so, als wollten Sie den Vatikan um technische Hilfe bei der Verfilmung *Ihrer* Version von Jesus Christus bitten.«

Ich verstand, was er meinte, war mir doch nur zu klar, welchen Platz Lenin auf dem Altarbild der Hierarchie einnimmt. Ich schlug deshalb vor, Lenin als jungen Mann von dreiundzwanzig Jahren zu zeigen, also bevor er noch irgendeine greifbare Leistung vollbracht hatte. Das wurde mir gestattet, und mit Hilfe des bewunderungswürdigen jungen Schauspielers Orlow wurde das Vorhaben verwirklicht.

Ich traf ihn auf einer wackligen Stiege.

»Uljanow?« fragte ich leise – er hatte den Namen Lenin noch nicht angenommen. Er schrieb gerade und benutzte seine Knie als Schreibtisch.

Als er seinen Namen hörte, überreichte er mir das Schriftstück und fragte schnell: »Darf ich noch einmal in mein Zimmer, bevor wir gehen?«

»Gehen? Wohin?«

»Sie verhaften mich doch, oder nicht?«

»Nein.«

Er schien erleichtert, zeigte sich dann aber argwöhnisch.

»Aber ... woher kennen Sie denn meinen Namen?« fragte er.

Als er sich erst einmal versichert hatte, daß ich ein ehrlicher Ausländer war, konnte ich ihn endlich fragen, welche Ziele er sich gesteckt habe. Er antwortete, daß sein Ziel für die nächste Zukunft sei, ins Ausland zu gehen, um seinen Horizont zu erweitern. Er mache sich da große Hoffnungen, denn er sei bislang erst einmal abgewiesen worden. Und er fügte hinzu: »Ich hoffe, nicht zu lange im Gefängnis zubringen zu müssen, obwohl das ganz hervorragende Leute sind, die man dort trifft.«

Auf seine langfristigeren Ziele eingehend, sprach er ganz unaufgeregt von der Weltrevolution. Als ich meiner Verwunde-

Die Statue Lenins vor dem Finnischen Bahnhof in Leningrad. Hier trafen Lenin und viele andere Exilrussen bei ihrer Rückkehr im Jahr 1917 ein.

Lenins Arbeitszimmer im Smolni-Institut. Das Gebäude war ursprünglich eine von Katharina II. gegründete Internatsschule für Töchter adliger Familien. Während der Oktoberrevolution arbeitete hier der »Revolutionäre Kriegsrat«. Lenin und Trotzki residierten hier, bis die Sowjetregierung 1918 nach Moskau umzog. Der Name leitet sich von dem Wort smola (»Teer«) her, denn an dieser Stelle befand sich einst das Teer- und Pechlager der Werften Peters des Großen.

Eine Ahnung dessen, was sein sollte

rung über die beiläufige Art und Weise Ausdruck verlieh, in der er so große Probleme anging, fixierte er mich plötzlich mit einem stechenden Blick und wandte sich mit knappen, keinerlei Widerspruch duldenden Worten an mich, als sei ich kein einzelner Mensch, sondern eine Wahlversammlung mittlerer Größe.

»Sie tun ganz so, als sei ich lediglich ein Idealist, der sein Haupt in den Wolken trägt. Aber ich marschiere durchaus auf der unebenen Straße der Erfahrung. Wir werden alle Fehler machen. Aber selbst wenn zehntausend Fehler auf hundert richtige Lösungen kommen, wird unsere Revolution groß und nicht zu besiegen sein. Zum erstenmal wird die überwiegende Mehrheit der arbeitenden Bevölkerung ein neues Leben für sich selbst aufbauen. *Sie* begreifen nicht, wie wir das je erreichen wollen, ich aber verstehe nicht, wieso wir scheitern sollten.«

Die Fehler sind gemacht worden, und ich sehe heute den Geist Lenins vor mir, wie er beginnt, Gründe zu ihrer Rechtfertigung aufzuführen. Nach all den entsetzlichen Jahren des Stalinismus und der Epoche eines doktrinären Marxismus fängt er vielleicht an, Michail Gorbatschow vorsichtigen Beifall zu spenden.

Das Lernen ist eine mühselige Sache – es ist schwer zu institutionalisieren, es ist schwer, sich damit herumzuplagen, aber es ist auch schwer wieder rückgängig zu machen. Die Namen ändern sich und geraten in Vergessenheit. Aus der alten Stadt Zaryzin wurde Stalingrad, das heute aber Wolgograd heißt. Die Zaren und Stalin richteten ihren Schaden an und verschwanden dann. Die Wolga ist von größerer Dauer. Als wir nach Gori kamen, um im Stalin-Museum zu filmen, fragte ich mich, was die Leute wohl zu den scharfen und bitteren Dingen sagen würden, die ich in meinem Kommentar zur Sprache bringen wollte. Schließlich war Stalin einer der mächtigsten Männer der Welt und zudem ein Sohn ihrer Stadt gewesen.

Ich hätte mir darüber keinerlei Sorgen zu machen brauchen. Man stellte mir Archivmaterial zur Verfügung, das noch nie im Westen gezeigt worden war – grausame Belege für jenes entsetzliche Schlachten und Morden, das mit der Kollektivierung der russischen Landwirtschaft einherging. Der Direktor des Museums erwies sich, als wir wegen der Filmaufnahmen zu ihm kamen, als ein Vorbild an diskreter Hilfsbereitschaft.

»Sind Sie auch ganz sicher, daß Sie alles haben, was Sie benötigen?«

»Ja, ja, alles, danke.«

»Alle Stecker, Kabel, Lampen? Haben Sie wirklich nichts vergessen?«

»Nein, wir sind startbereit.«

»Gut, dann überlasse ich Sie jetzt sich selbst. Rufen Sie mich einfach an, wenn Sie fertig sind.«

Ustinovs Rußland

Wir bekamen keinen einzigen feindseligen Blick zugeworfen, hörten kein einziges Wort der Kritik, niemand mischte sich ein. Präsident Reagan, der auch der »große Kommunikator« genannt wird, sprach einmal in einer Rede vor Geistlichen davon, daß die Länder der Sowjetunion das »Reich des Bösen« bildeten. Er versuchte ganz offensichtlich, die Empfindungen, die er diesem Lande gegenüber hegte, in eine Sprache zu fassen, die selbst er zu verstehen in der Lage war. Und bei späterer Gelegenheit äußerte er, von größerer Erfahrung, wenn auch nicht von größerem Wissen geleitet, die Sowjetunion liefere ein gutes Beispiel dafür, wie ein Staat nicht regiert werden sollte. Margaret Thatcher sah, als sie ein Großbritannien ohne nukleare Abschreckung, ohne ihre geliebte Waffe der Verzweiflung beschrieb, die Briten in die Rolle auf den Straßen kämpfender Guerilleros zurückfallen. Gegen wen aber? Gegen die Pikten gar?

Die Anmaßung solcher Äußerungen ist noch eindrucksvoller als die ihnen zugrunde liegende Unwissenheit, und sie zeigt an, um wieviel die öffentliche Skepsis noch zunehmen muß, wenn sie die Politiker dazu bewegen soll, gründlich nachzudenken, bevor sie unsere geistige Nahrung so eilfertig mit den Gewürzen der Propaganda abschmecken.

Niemand, der seine fünf Sinne noch beisammenhat, würde zum gegenwärtigen Zeitpunkt die Sowjetunion als ein Experiment ansehen, das der Vollkommenheit auch nur annäherungsweise nahegekommen sei. Die Maschinerie ist schwerfällig und ineffizient – und doch wäre es knauserig, wollte man den Sowjets einen kleinen Erfolg in Bereichen absprechen, in denen wir uns niemals ernsthaft bemüht haben, ihnen Konkurrenz zu machen.

Wir haben schon einmal das Reich der Kindheit kurz gestreift. Der Standard der speziell für Kinder gedachten Theatervorstellungen und Marionettenspiele, die Möglichkeiten, die man ihnen auf sportlichem und kulturellem Gebiet eröffnet – hinter alldem steht ganz sicherlich mehr Konzentration und Organisation als in Ländern, in denen es eher auf die Initiative des einzelnen ankommt. Mit anderen Worten ausgedrückt, ist es durchaus kein so großes Unglück, in der Sowjetunion Kind zu sein. Die Kinder stellen dort eine privilegierte Klasse dar.

Ein vergleichbares Gefühl des Bürgerstolzes zeigt sich auch im öffentlichen Verkehrswesen. Man denke nur an die Moskauer Untergrundbahn, wo die Stationen alle aussehen wie Pompeji vor dem Fehltritt des Vesuvs. Sie sind alles andere als funktional, und gerade deshalb geht eine so ungewöhnlich große Faszination von ihnen aus – die weiträumigen, makellos sauberen Bahnsteige, der schnelle, zuverlässige Service, die niedrigen Fahrpreise. Und fast jede

Filmaufnahmen auf dem Roten Platz vor einem riesigen Transparent mit dem Porträt Lenins, wenige Tage vor den Feiern zum 1. Mai.

Die Andreas-Kirche in Kiew (1747–1767) ist eine der schönsten Barockkirchen der Stadt. Sie wurde von Bartolomeo Rastrelli entworfen, dem großen Meister der russischen Barockarchitektur. Er stellte die Zeichnungen für diese Kirche im gleichen Jahr fertig, in dem er mit der Planung von Schloß Peterhof (Petrodworets) begann.

Eine Ahnung dessen, was sein sollte

russische Stadt mit mehr als einer halben Million Einwohnern hat ihre U-Bahn, ebenso schnell und ebenso angenehm. In einigen Städten sind die Großtaten der Baukunst sogar noch weit beachtlicher als in Moskau. Leningrad etwa steht auf sumpfigem Gelände, und dennoch wurde eine Untergrundbahn gebaut, die um nichts schlechter funktioniert.

Unter der Erde zu reisen, vorbei an vergoldeten korinthischen Säulen und Statuen präraffaelitischer Frauen in spärlicher Kleidung, ist schon eigentümlich genug. Aber noch seltsamer ist es, jedenfalls aus westlicher Sicht, von einer Station Majakowski bis zu einer mit dem Namen Gorki zu fahren und bei der Ankunft dort einen kleinen Schrein oder ein in Stein gehauenes Denkmal für den großen Schriftsteller vorzufinden. Ich kann mich nicht erinnern, je mit der *Circle Line* in London von Chaucer nach Milton gefahren zu sein, oder mit der IRT in New York von Melville nach Mark Twain.

Ein Pauschalpreis läßt einen überall hingelangen, wobei ich da allerdings ein an Las Vegas gemahnendes Element entdeckte. Ich steckte die entsprechenden Münzen in den Fahrkartenautomaten und erhielt Wechselgeld im Gegenwert von vier weiteren Karten zurück. Zieht man das große Los, kann man den Rest seines Lebens dort zubringen. Als ich die Station Karl Marx verließ, ging ich durch marmorne Hallen und fand mich unversehens auf Puschkin wieder. Der U-Bahn-Tunnel war offensichtlich um diesen schönen Wandelgang verdoppelt worden, vielleicht um den Fußgängern die Härten des Moskauer Winters oben zu ersparen. Das gesamte Netz der Untergrundbahn erschien mir zivilisiert — vielleicht antiquiert-zivilisiert — und blitzsauber.

Glasnost — »Offenheit« — ist zum Markenzeichen Michail Gorbatschows geworden, obwohl sich diese Tendenz schon seit einiger Zeit in Rußland eingeschlichen hat.

Während unserer Expedition in die Sowjetunion, die wir noch vor dem Amtsantritt Gorbatschows gestartet hatten, nahmen wir in den verschiedensten Landesteilen siebenundsiebzig Stunden Film auf. Als wir das Land wieder verließen, wollten die Behörden nicht einen einzigen Meter davon sehen. Anstandshalber zeigten wir ihnen einen Zusammenschnitt von zweistündiger Dauer, den wir sehr grob zusammengeschustert hatten. Aber auch wenn die Herren durchaus höfliches Interesse bekundeten, schauten sie doch fortwährend auf ihre Uhren, weil sie nun mal vielbeschäftigte Beamte waren, die sehr viel wichtigere Dinge zu tun hatten. Die Welle war schon da, aber es gereicht Herrn Gorbatschow zur Ehre, daß er mit seinem Surfbrett so geschickt darauf zu reiten versteht.

Ich befand mich gerade in Litauen, als er

die Amtsgeschäfte übernahm. Litauen ist von allen sowjetischen Republiken diejenige, deren Stil am westlichsten ist. Ich fragte meine dortigen Gastgeber, was die Machtübernahme durch Gorbatschow ihnen an Neuem bringen werde. »Sehr wenig«, antworteten sie. »Wir sind ein kleines Land mit nur wenigen Bewohnern, aber wir haben unsere eigenen Methoden. Wir haben nicht den Ehrgeiz, Einfluß auf die Entwicklung der Sowjetunion insgesamt zu nehmen, aber wir sind sehr darauf erpicht, hier in Litauen das Sagen zu haben. Die Russen sind uns als Gäste willkommen. Sie verbringen gern ihren Urlaub hier, weil wir wohlhabend und tüchtig sind, unser Land so sauber ist und wir von den meisten Dingen genug zur Verfügung haben. Wir sind über die Anwesenheit der Russen nicht böse. Sie sind uns willkommen, sie sind gut für die Wirtschaft. Sie sehen, wir sind schon ein gutes Stück fortgeschritten auf dem Wege zu *glasnost*.«

Ich weiß, daß vielen Russen die Frage sehr am Herzen liegt, wie die Gesellschaft im Jahre 2000 aussehen wird. Ich nahm an einem Treffen teil, das der kirgisische Schriftsteller Tschingis Aitmatow, ein Visionär und weltweit beachteter Romancier, organisiert hatte. Am See Issyk-kul, zu Füßen der überwältigenden Berge des Tian Shan, die den Weg nach China versperren, diskutierten Leute aus dem Westen und Russen über die Probleme unserer Zeit – mit großer Hingabe und gutem Mut und ohne jede Spur einer »Lenkung« von außen.

Zu den Delegierten gehörten Arthur Miller, James Baldwin, Alvin Toffler; Alexander King, der Präsident des *Club of Rome;* Augusto Forti von der UNESCO; Frederico Mayor Zaragoza, der Biologe; der türkische Schriftsteller Yaşar Kemal, Nobelpreisträger Claude Simon und eine Handvoll andere. Nachdem wir zu einigen Schlußfolgerungen und spekulativen Ansichten hinsichtlich des nächsten Jahrtausends gelangt waren, ließen wir das von uns erarbeitete schmale Manifest sowohl Michail Gorbatschow als auch Ronald Reagan zukommen. Gorbatschow reagierte sofort und bat um ein Treffen am Tage nach dem Abschluß unserer Konferenz. Man ließ uns wissen, daß die Begegnung auf pünktlich elf Uhr angesetzt sei und genau eine Stunde dauern werde. Es wurde dann eine sehr russische Sache daraus – die Sitzung begann genau um elf Uhr, wobei man, bevor sich die Türen auftaten, das Gefühl hatte, als ob ein Countdown laufe, und wir gingen wieder nach etwas weniger als drei Stunden. Das Ganze war faszinierend. Gorbatschow begann damit, daß er sich schon im voraus dafür entschuldigte, wenn ihn irgendeine unserer Äußerungen dazu provozieren sollte, uns zu unterbrechen. Zugleich bat er uns, ihn zu unterbrechen, falls etwas, das er sage, eine vergleichbare Wirkung bei uns

Bei Susdal fuhr ich in einer Troika durch die leere, frosterstarrte Landschaft. Troika nennt man die traditionellen Schlitten, die von drei nebeneinander angeschirrten Pferden gezogen werden. Wo geht's hier wohl nach Moskau?

Die Tretjakow-Galerie in Moskau, davor das Denkmal Pawel Tretjakows. Die Brüder Pawel und Sergej Tretjakow waren beide bedeutende Kunstsammler, und Pawel schenkte seine Sammlung 1892 der Stadt – sie bildete den Grundstock dieses großartigen Museums russischer Kunst.

Eine Ahnung dessen, was sein sollte

haben sollte. Es war nicht die Art von Zwiegespräch, wie man sie mit der Spitze der Sowjetmacht – oder überhaupt *irgendeiner* Macht – führen zu können erwartet.

Gorbatschow hat schon mehr als einmal seine Zugänglichkeit und seine Bescheidenheit unter Beweis gestellt. Im Verlauf einer längeren Rede, die er kurz nach unserem Treffen vor 900 Delegierten im Kreml hielt, unterbrach er sich plötzlich und sagte, er habe das Gefühl, für die Übersetzer viel zu schnell zu sprechen. Dieser Verdacht wurde von einem Übersetzer schüchtern bestätigt, worauf sich Gorbatschow unverzüglich entschuldigte, einräumte, daß er seine Gedanken nur allzuleicht mit sich durchgehen lasse, und von da an langsamer sprach, wobei er immer wieder zu den Übersetzern blickte, um zu sehen, ob sie ihm bei dem verlangsamten Tempo auch bequem folgen könnten.

Dieses Verhalten machte seinen Respekt vor jenen deutlich, die weit weniger wichtige Aufgaben zu erfüllen hatten als er, denen aber dennoch eine entscheidende Rolle bei der Verbreitung seiner Ideen zukam. Und so gesehen war es ebenso unerwartet wie klug.

Bei der Zusammenkunft in kleinerem Kreis, an der ja nur vierzehn von uns teilnahmen, konnten wir den Mann wirklich aus nächster Nähe kritisch begutachten. Zu den erstaunlicheren Gedanken, die er vortrug, gehörte der, daß die Welt allenthalben Defizite aufweise und daß das schlimmste auf dem Gebiet neuer Ideen zu verzeichnen sei – und dies aus dem Munde des Vertreters eines Landes, das sich so unendlich lange mit alten Männern und alten Ideen begnügt hat!

Vielleicht noch überraschender war seine Äußerung, daß er nach reiflicher Überlegung zu dem Schluß gekommen sei, daß es nichts Wichtigeres auf der Welt gebe als das Individuum. Er erhob sogleich einen warnenden Finger und fügte hinzu: »Das ist durchaus mit den Lehren Lenins vereinbar.«

Ich glaube, daß das der Schlüssel zum Kern seiner Anschauungen ist. Um es der besseren Verständlichkeit wegen in eine christliche Terminologie zu übersetzen: Gorbatschow kehrt zu den Lehren Jesu zurück, umgeht dabei aber Alexander Borgia, die Inquisition und all jene Gestalten, die für das verantwortlich sind, was man als den Stalinismus der Kirche bezeichnen könnte. Lenin schuf vor seinem Tode auch die »Neue Ökonomische Politik« zur Belebung der Wirtschaft – das war die »Offenheit« jener Zeit, die Stalin nach Lenins Tod wieder unterdrückte, weil gewisse Leute zu reich dabei wurden. Der egalitäre Konvoi hatte sich nach dem langsamsten Schiff zu richten, und wenn ein Schiff gar die Maschinen stoppte, dann mußten alle um der Reinheit der Lehre willen stillstehn. *Glasnost* bedeutet das Öffnen eines Fensters.

Ustinovs Rußland

Ansätze dazu hat es oft gegeben, aber man ist selten so weit gekommen, wie Gorbatschow es in so kurzer Zeit schon geschafft hat. Um des Friedens, um Rußlands und um unserer aller willen muß man ihm die Chance geben, zum Erfolg zu gelangen.

Sind Kommunismus und Kapitalismus wirklich Gegner? Oder gibt es vielleicht eine unsichtbare Markierung, die, wenn sie unterschritten wird, ein gewisses Maß an Totalitarismus erforderlich macht, damit die Zügel wieder straffer angezogen werden können und ein Land sich aus der Krise herauszumanövrieren vermag? Hat Rußland sich möglicherweise noch gar nicht bis zu dieser Markierung erhoben? Und bedeutet Demokratie lediglich die Möglichkeit der politischen Wahl? Oder ist nicht vielmehr die Möglichkeit, zwischen zwei in Leistung und Preis vergleichbaren Kühlschränken oder zwischen zwei Autos in verschiedenen Farben wählen zu können, der erste wirkliche Schimmer einer echten Demokratie? Ist das nicht der Punkt, an dem Männer und Frauen unwiderruflich zu Individuen werden, die ihren Mitmenschen als solche erkennbar sind und die auch in der Lage sind, zu debattieren, Entscheidungen zu treffen, Standpunkte zu beziehen und die anderer zu verstehen?

Das Monolithische, das Stereotype, das kann sich nur weit unterhalb der Markierungslinie am Leben erhalten.

Die Kinder sind die Erben. Und eines der Dinge, die auf sie kommen, ist das sorgfältig bewahrte und bewachte künstlerische Erbe der Nation. Kunst, welcher Art auch immer, ist mehr als eine Unterhaltung, eine Nebenbeschäftigung oder eine Frivolität. In Rußland ist sie ein notwendiger Teil des menschlichen Selbstausdrucks und wird als solcher schon in jüngsten Jahren kultiviert. Da ich selbst Schauspieler und Dramatiker bin, interessierten mich natürlich vor allem die Kindertheater. Ein paar davon sind sehr groß und bieten bis zu tausend Zuschauern Platz. Manchmal gehören sie zu einem ganzen Komplex von Einrichtungen speziell für Kinder, zu dem dann auch eine Präsenz- und eine Ausleihbibliothek und sogar eine eigene Cafeteria für die Kleinen gehören können. Die Schauspieler an den Kindertheatern sind fast durchweg Erwachsene, so daß die Klassiker in richtiger Art und Weise aufgeführt werden können. Die Kinder haben aber auch ihre eigenen Inszenierungen mit eigener Besetzung, die aber zumeist in den Schulen zur Aufführung gelangen. Die erwachsenen Schauspieler sagten mir, daß sie nicht daran interessiert seien, allzulange an einem Kindertheater zu bleiben, da das ihren Stil verflache und sie außerdem die Beziehung zu ihrem Beruf verlören. Einen kürzeren Aufenthalt sahen sie aber durchaus als eine gute Schulung an, und sie lobten das hervorragende Mitgehen und das Betragen ihres jungen Publikums.

Überall findet man Büchereien, Restaurants und Theater für Kinder, die der Geschmackserziehung im weitesten Sinne dienen. In diesem Kindertheater in Nowosibirsk sah ich eine Vorstellung von Die drei Dicken *des Dichters Juri Olescha. In der Pause plauderte ich mit den Zuschauern.*

Das Düsenflugzeug der Aeroflot (linke Seite oben) mußte am Oberlauf der Wolga notlanden. Eine Bergung erwies sich als zu schwierig, und so dient es heute als Kinderspielplatz. – Die warmen sattroten Backsteine der Kremlmauern und -türme von Nowgorod (linke Seite unten). – Die Erlöserkirche von Kowaljowe (1345) wurde während des Zweiten Weltkrieges fast völlig zerstört. Das Innere war mit wunderschönen, von serbischen Künstlern gemalten Fresken ausgeschmückt. Das Gebäude wurde mit den Originalmaterialien wiederaufgebaut (oben). An der Außenwand markiert eine feine weiße Linie das Ausmaß der Beschädigung. Die Kirche steht ganz für sich auf einem Hügel, etwa hundert Meter von der Stelle entfernt, an der es der Roten Armee gelang, den Vormarsch der Nazis zu stoppen.

Ustinovs Rußland

In Litauen besuchten wir ein Basketballspiel von Knirpsen, die noch keine sechs Jahre alt waren. Diese Winzlinge verliehen dem Spiel einen ganz eigenartigen Charme. Es hat eine gewisse Berechenbarkeit, wenn man überlangen Riesen dabei zuschaut, wie sie den Ball mit Leichtigkeit durch den Korbring bringen, ganz so, als schnippten sie Zigarettenasche in den Aschenbecher. Aber es gibt dem Wettkampf eine ganz neue Dimension, wenn man die Knirpse von der Spielfläche aus auf den Korb zielen sieht. Ein kleines Mädchen fesselte mich vor allem. Es war so hübsch, sportlich, biegsam und flink – und beherrschte zudem das Spiel so teuflisch gut, daß ich über fünfzig Körbe zählte, die es mit seiner winzigen Hand warf. Die Leistung des Mädchens war schon brillant – und zugleich sehr, sehr komisch. Ich konnte mir kaum ein Lachen verkneifen, ein reines Lachen freudiger Anerkennung.

Alte Zeremonien, alte Kunst, alte Rituale – das ist der Ballast, den die Russen als notwendig ansehen, um das Staatsschiff in das nächste Jahrhundert zu steuern. Kultur ist hier keine Ware, die an den Markt und an kurzfristigen Gewinn oder Verlust gebunden ist. Das ist ein kontroverser Aspekt westlicher Werte. Ich halte Shakespeare für einen nationalen Vermögenswert, und seine Stücke haben sich in den vergangenen 350 Jahren mehr als amortisiert. Denkmäler auf der Straße müssen sich schließlich nicht selbst finanzieren. Eine Statue von Richard I. oder von Winston Churchill muß nicht selbst für ihre Instandhaltung aufkommen, obwohl ich nicht im geringsten daran zweifle, daß gerade heute eine vom Markt geradezu betörte Regierung versucht, Wege und Möglichkeiten zu finden, auch aus diesen alten Steinen noch Geld herauszupressen. Tradition und Kultur sind jedoch nicht bloß nationale Sehenswürdigkeiten, die der Tourismusindustrie zu Gewinn verhelfen. Sie sind auch Teil des lebendigen Wesens eines Landes – und sie anders zu behandeln hieße, ihnen Schaden zuzufügen.

Es ist etwas dran an der Ansicht, das Mißtrauen sei Antrieb der sowjetischen Gesellschaft. Sie wird dadurch wohl in Bewegung gebracht, aber in welche Richtung? Die großen historischen Ängste, die Rußland – mit einiger Berechtigung – in einem Zustand wachsamer Spannung gehalten haben, legen sich heute allmählich dank der Einwirkungen der Zeit, des Vergessens, der historischen Distanz und der Ermüdung. Die große Frage, die den Westen augenblicklich so stark bewegt, ist, wie weit Rußland das Regime lockern kann, ohne die charakteristische Form der Gesellschaft zu zerbrechen, die nach der Revolution von 1917 geschaffen wurde und die, wie man glaubt, nicht ohne neue, blutige Unruhen überwunden werden kann.

Litauen ist berühmt für seine Basketballspieler, die schon sehr früh mit dem Training anfangen. Ich beobachtete das Spiel einiger dieser Knirpse – die Dynamos traten gegen die Torpedos an. Der Star des Spiels, ein hübsches Mädchen (unten), warf über fünfzig Körbe.

Der Tabakhändler in Tbilissi betreibt ein blühendes Nebengeschäft – er verkauft alte Fotografien aus der Zeit vor der Revolution.

Eine Ahnung dessen, was sein sollte

Da ich auf keinerlei Gebiet Experte bin, sondern nur ein Schriftsteller und ergo Erforscher des menschlichen Herzens, habe ich nicht die geringsten Bedenken, meine Meinung kundzutun. Die Sowjetunion ist zu einem Wandel bereit und wird einen Weg finden, sich aus sich selbst heraus zu entspannen – trotz der Einengung durch Dogmen und trotz der schweren Bürde der Bürokratie. Gorbatschow reitet bisher mit Geschick auf seiner Welle. Dieser Ritt ist erfrischend und gefährlich und kann ernste Folgen haben, sollte es zu einem Sturz kommen, aber bislang hat er sich glänzend im Gleichgewicht gehalten. Der Argwohn und die Beunruhigung der weisen Männer im Westen machen mir Mut. Denn das sind doch eben die Leute, die einst auch fragten: Was wird in China nach Mao kommen? Was wird in Jugoslawien nach Tito, in Spanien nach Franco, in Portugal nach Salazar, in Frankreich nach de Gaulle kommen? Die Antwort lautete natürlich immer: Nichts. Und wie üblich hatten die Völker, was ihre Stimmungslage und ihre geistige Flexibilität betraf, den weisen Männern einiges voraus.

Falls es zu einer Liberalisierung kommt, was werden die Russen dann aus ihren neuen Freiheiten machen? Denken wir an Rußland, dann denken wir so häufig an eine geduckte, gefügige, übermäßig gegängelte Bevölkerung. Sicherlich arbeitet das Hebelwerk der sowjetischen Gesellschaft oft schwerfällig, mit großem Geknarre und begleitet von vielen Störungen. Aber ich bin der Ansicht, daß die Menschen nicht die geringsten Schwierigkeiten hätten, sinnvoll mit der Freiheit umzugehen. Sie sind keineswegs die unterwürfigen Kreaturen, als die sie der Volksglaube abstempelt. Ich stellte fest, daß Hoffnungen und Wünsche, Streit und politische Unruhe die Gespräche in Rußland genauso bestimmten, wie das im Westen der Fall ist. Russen lassen sich nicht einschüchtern. Das Abweichen von der offiziellen Meinung ist ein fortdauerndes Problem, wie Sacharow und andere Dissidenten zur Genüge bewiesen haben.

Nein, der Mangel an Vertrauen scheint mir im Westen ebenso gegeben zu sein wie in Rußland. Es ist mir völlig unverständlich, warum diejenigen von uns, die bescheidene Versuche unternehmen, Sympathien, Verständnis und eine positive Stimmung zu fördern, von gewissen Organen und Politikern als potentielle Verräter gebrandmarkt werden. Wenn nichts anderes, so legen die allgemeine Menschlichkeit und das gute Benehmen nahe, daß es vielleicht besser wäre, unsere Nachbarn mit Fragen und intellektueller Wißbegier zu bombardieren als mit Atomraketen. Einem französischen Journalisten, der meinte, Gorbatschow habe mich verzaubert, gab ich zur Antwort: »Die Tatsache, daß er mich mit meinem Vornamen anredet, hat mich durchaus nicht stärker beeindruckt als die,

Dicker Schnee macht das Museum für Holzbaukunst in Susdal noch schöner (oben). – Ein Fußballspiel im Schnee außerhalb Rostows (unten).

Die frostigen russischen Winter mag man ja unangenehm zu spüren bekommen, aber sie sehen wunderschön aus. In dieser Jahreszeit sind die Tauben von Sagorsk ganz auf die Freigebigkeit der Besucher angewiesen.

daß sich General de Gaulle mir gegenüber des Monsieur bediente.«

Ich kenne einen amerikanischen Arzt, einen weithin anerkannten Professor der Johns Hopkins University, der die UNICEF im Fernen Osten, genauer gesagt in China, vertreten hat. Er ist ein Mensch von umfassendster Bildung und großer Wißbegier, und immer, wenn er in die Vereinigten Staaten heimkehrte, hielt er Vorträge über all die eigenartigen und wunderbaren Dinge, die er bei der Erfüllung seiner Pflichten gesehen und erlebt hatte. Wenn er dann geendet hatte, schlenderten unweigerlich alte

Eine Ahnung dessen, was sein sollte

Bekannte zu ihm hin und bemerkten voller Betrübnis: »Bruder, was haben die dir das Gehirn gewaschen!«

In Wirklichkeit ist es wohl viel wahrscheinlicher, daß diejenigen, die durch die Umstände dazu genötigt sind, immer an einem Ort zu leben, ihre Weltsicht aus ein und derselben Tageszeitung zu beziehen oder die gleichen Kurznachrichten im Fernsehen zu sehen, weit eher einer Gehirnwäsche ausgesetzt sind als ein eingefleischter Reisender, der sich mit hartnäckig aufgeschlossenem Verstand den Unbilden der persönlichen Erfahrung aussetzt.

Weit entscheidender als alle ideologischen oder materiellen Konflikte ist ein Kampf, in den sowohl die Russen als auch wir verwickelt sind – und das auf ein und derselben Seite. Es ist der Kampf um Aufgeschlossenheit. Weder der Professor noch ich sind einer Gehirnwäsche unterzogen worden. Wir sind lediglich Reisende auf der Suche nach einem aufgeschlossenen Denken.

So viel von den Ressentiments, der Gehässigkeit und den Vorurteilen, die das Verhältnis zwischen den Russen und uns bestimmen, ist einzig und allein eine Frage der Einstellung.

Als ich einmal in Leningrad war, trat ich an einem wunderschönen Tag im späten Frühling hinaus in das Sonnenlicht. Einer der ersten Menschen, denen ich begegnete, war eine ältere Amerikanerin in einem schwarzen Hosenanzug aus Satin, deren Haar von einem mit künstlichen Perlen besetzten Netz zusammengehalten wurde. Sie sah aus wie Julias Großmutter, mit ein oder zwei Balkonen in Florida, und war sehr übel gelaunt.

»Wie ich das hier hasse«, keifte sie mich ausdrucksvoll an. »Oh, ich kann's nicht ausstehen. Ich hasse Moskau mehr als Leningrad und Leningrad mehr als diesen anderen Ort da. Ich weiß wirklich nicht, was mich hierhergetrieben hat. Es ist schrecklich. Niemand lächelt, niemand ist freundlich zu einem, alle sind kalt und ungehobelt und verbohrt. Es ist einfach schrecklich, schrecklich. Was soll man bloß an einem Ort, wo niemand lächelt?«

Just in diesem Augenblick ging ein russischer Arbeiter mittleren Alters an uns vorüber. Sein Mund war voller schlecht sitzender Goldzähne, die einen einsamen, aus einer schlichten Metallegierung gefertigten Schneidezahn flankierten, und er sah wahrhaftig finster und barbarisch aus.

»Dobro Utro«, grüßte ich ihn. »Guten Morgen, Genosse.«

Sein Gesicht erhellte sich in dankbarer Anerkennung, und er schenkte mir ein strahlendes Lächeln, wobei das Gold um den einen stumpfen Metallzahn herum glänzte, daß es aussah wie ein Leuchtturm mit einer kaputten Spiegelscheibe.

»Warum hat er denn nur *Sie* angelächelt?« fragte die alte Dame vorwurfsvoll.

Tja, was soll man da noch sagen?

Ein historischer Überblick

9. Jahrhundert Um Kiew herum entstand aus einer Ansammlung slawischer Stämme ein erster russischer Staat. Die von den Wikingern abstammenden Waräger übernahmen die Macht und stellten den ersten Herrscher namens Rurik. Eine Handelsstraße der Wikinger verlief von der Ostsee über Nowgorod und Kiew bis nach Konstantinopel. Kiew, das von dem Wikingerhäuptling Ki gegründet worden war, war die Hauptstadt.

971 Während der Regierungszeit von Swjatoslaw, dem vierten Fürsten, wurde der neue Staat von den Petschenegen erobert. Den Polowzern, einem anderen turksprachigen Normadenstamm, gelang es, Rußland vom Zugang zum Schwarzen Meer abzuschneiden.

988 Wladimir I. von Kiew (980–1015) nahm von Byzanz das Christentum an. Zu dieser Zeit entwickelte sich Kiew zu einer der größten und schönsten Städte Europas.

Ende des 11. Jahrhunderts Die Macht Kiews verfiel, und es geriet unter polnisch-litauische Kontrolle. 1169 wurde die Hauptstadt nach Wladimir verlegt. Es gab kein geeintes Reich mehr, sondern nur noch eine Ansammlung rivalisierender Fürstentümer, von denen die wichtigsten Wladimir-Susdal und Nowgorod waren. Nowgorod, eine wohlhabende Handelsstadt, zeichnete sich dadurch aus, daß es einen gewählten Fürsten und einen Stadtrat (*wetsche*) besaß. Fehden zwischen den einzelnen Fürstentümern führten zu Invasionen der Schweden, Deutschen, Litauer, Polen und Türken.

1230–1240 Invasion der Tataren oder Mongolen aus dem Osten. 1240 wurde Kiew zerstört; die russischen Fürstentümer wurden besetzt und dem Reich der Goldenen Horde einverleibt. Nur Nowgorod unter Alexander Newski blieb unbesetzt.

1380 In der Schlacht von Kulikowo brachte Großfürst Dmitri von Moskau den Tataren eine erste Niederlage bei, und 1480 konnte Iwan III. (der Große) das Tatarenjoch endgültig abschütteln. Er annektierte die Territorien anderer Fürstentümer einschließlich Nowgorods und weitete seinen Machtbereich – zum Schutz vor den Tataren – nach Süden und Osten aus. Moskau wurde das Zentrum dieses expandierenden russischen Reiches.

1533–1584 Iwan IV. (der Schreckliche) dehnte die Grenzen seines Reiches immer weiter aus, bis sie Astrachan und große Teile Sibiriens einschlossen. Er schuf eine starke, zentralisierte Autokratie und eine Geheimpolizei, die *Opritschnina*.

1598–1613 Auf das Ende der Dynastie Ruriks folgte eine Periode, die als »Zeit der Wirren« bekannt wurde. Boris Godunow wurde 1598 für den schwachsinnigen, einzig überlebenden Sohn Iwans IV., Fjodor, Regent des Reiches. Bei Fjodors Tod erklärte er sich selbst zum Zaren. Er glaubte, mit Hilfe der Kirche eine eigene Dynastie begründen zu können.

Ustinovs Rußland

1613 Michael Romanow wurde zum Zaren gewählt und stellte die absolute Macht des Zarentums wieder her. Moskau wurde zur unumstrittenen Hauptstadt des Reiches.

17. Jahrhundert Eine Zeit sowohl der Expansion als auch der Krise, die Erhebungen und religiös bedingte Probleme mit sich brachte. Die Leibeigenschaft begann sich zu entwickeln, und 1649 wurde ein Dekret erlassen, das es den Bauern verbot, die Güter ihrer Herren zu verlassen. In der orthodoxen Kirche kam es zu einer Spaltung, da sich die »Altgläubigen« einer Reform widersetzten.

Peter der Große (1682-1725) Er gründete St. Petersburg, das 1703 Moskau als Hauptstadt ablöste. Denkwürdig an seiner Regierungszeit war sein radikales Modernisierungsprogramm, das auf eine heftige Opposition stieß. Er eroberte Teile der Ostseeküste und schuf damit für Rußland ein »Fenster zum Westen«. Die Anpassung an den Westen wurde durch eine starke Zentralregierung und den vollen Ausbau der Leibeigenschaft sowie die Schaffung eines Dienstadels durchgesetzt. Peters Kriege gegen die Schweden und Türken ließen Rußland zu einer europäischen Macht werden. Die Expansion in Sibirien wurde fortgesetzt, und beim Tode Peters des Großen hatten die Russen die Beringstraße erreicht. Von dort aus kolonisierten sie Alaska und die Küste Kaliforniens.

Katharina die Große (1762-1796) Sie setzte die von Peter dem Großen eingeleitete Politik der Europäisierung fort und dehnte sie auf die Kultur und das Bildungswesen aus. Die Expansionspolitik fand in der Teilung Polens und dem Sieg über die Türken ihre Fortsetzung. Die Krim wurde annektiert, die Gestade des Schwarzen Meeres wurden der eigenen Kontrolle unterworfen und große Teile der Ukraine erobert.

Alexander I. (1801-1825) Er erwog Pläne einer politischen Reform in westlichem Sinne, aber sie wurden nicht verwirklicht. Der Erfolg Rußlands im Kampf gegen Napoleon machte das Land zu einer bedeutenden Kraft in der europäischen Diplomatie. Finnland, das Herzogtum Polen und weite Teile des Kaukasus wurden dem Reich einverleibt. Trotz des offenkundigen Machtzuwachses entwickelte sich eine Lage, die eine Revolution unumgänglich zu machen schien. Die Kluft zwischen den sozialen Gruppen – hohe Beamte, Landbesitzer und die, die dieses Land für sie bearbeiteten – wurde im Verlauf der Zeit immer tiefer.

1825 Der Dekabristenaufstand adliger Offiziere, die politische Reformen nach westlichem Vorbild forderten, scheiterte, und Zar Nikolaus I. reagierte mit einer Abwendung vom Westen.

1853-1856 Krimkrieg. Britische und französische Truppen besetzten als Antwort auf die türkische Politik Nikolaus I. die Krim.

Ein historischer Überblick

Alexander II. (1855–1881) Der »Befreiungszar« hob die Leibeigenschaft auf und leitete weitere Reformen ein. Er schuf die *Semstwos*, Provinzversammlungen, zur Regelung lokaler Angelegenheiten. Er begann die soziale und ökonomische Umgestaltung Rußlands. Ein neues Zeitalter schien angebrochen zu sein, aber es war ihm nur kurze Dauer beschieden. Eine revolutionäre Bewegung, die von westlichen anarchistischen und sozialistischen Ideen inspiriert war, regte sich – es handelte sich um die Populisten, die Alexander im Jahre 1881 ermordeten.

1880–1900 Die Expansion in Zentralasien wurde unter Alexander III. (1881–1894) und Nikolaus II. (1894–1917) bis an die Grenzen Chinas, Persiens und Afghanistans fortgesetzt. Zugleich wurde die staatlich geförderte Industrialisierung beschleunigt. Im Exil bildete sich eine marxistische Bewegung.

1904/05 Der Russisch-Japanische Krieg endete für Rußland mit einer demütigenden Niederlage.

1914 Rußland trat in den Ersten Weltkrieg ein. Im Februar 1917 wurde die Dynastie Romanow gestürzt und durch eine Provisorische Regierung ersetzt, die ein liberales, konstitutionelles Regime anstrebte.

Oktober 1917 Bolschewistische Revolution unter Führung Lenins.

1918–1920 Bürgerkrieg zwischen den »Weißen« und den »Roten« und ihrer neuen Regierung. Die »weißen« Armeen wurden von europäischen Mächten, aber auch von Japan, Kanada und den Vereinigten Staaten unterstützt.

1921 ff. Einführung der »Neuen Ökonomischen Politik« und der Aufstand von Kronstadt. 1924 – im Todesjahr Lenins – wurde schließlich die UdSSR gegründet. 1928 kam Stalin an die Macht.

1928–1931 Erster Fünfjahresplan. Der schnellen und überstürzten Industrialisierung und der Kollektivierung der Landwirtschaft folgt in den dreißiger Jahren die große Säuberung.

1939 Pakt zwischen den Nazis und den Sowjets. Die Nazis marschierten im Juni 1941 in der Sowjetunion ein. Nach der Schlacht von Stalingrad drang die Rote Armee nach Westen vor und besetzte Berlin. Nach 1947/48 trat an die Stelle des Kriegsbündnisses zwischen der Sowjetunion und dem Westen der Kalte Krieg. In ganz Osteuropa wurden kommunistische Regime installiert.

1953 Tod Stalins.

1956 Chruschtschow verurteilte in einer geheimen Rede die Verbrechen Stalins. Er leitete Reformen ein, beendete die Säuberungsaktionen und stellte den Primat der Partei wieder her. 1964 wurde er abgesetzt und durch Breschnew und Kossygin ersetzt, die eine vorsichtige Politik verfolgten.

März 1985 Michail Gorbatschow wurde zum 1. Parteisekretär gewählt.